中华牵手阅读，开发生命正能量

站上巨人肩膀

——享受学习　放飞梦想

杨明珠　姚磊◎编著

自我认知篇

長江出版傳媒 | 湖北教育出版社

(鄂)新登字 02 号

图书在版编目(CIP)数据

站上巨人的肩膀——享受学习　放飞梦想.自我认知篇/杨明珠,姚磊编著.
—武汉:湖北教育出版社,2015.4

ISBN 978-7-5351-9714-6

Ⅰ.站…
Ⅱ.①杨… ②姚…
Ⅲ.①青少年教育-青少年读物 ②自我教育-青少年读物
Ⅳ.①G775-49②G44-49

中国版本图书馆 CIP 数据核字(2015)第 057158 号

站上巨人的肩膀——享受学习　放飞梦想　自我认知篇
ZHAN SHANG JU REN DE JIAN BANG —— XIANG SHOU XUE XI FANG FEI MENG XIANG　ZI WO REN ZHI PIAN

出版人　方　平
责任编辑　谭　萍　　　责任校对　刘慧芳
封面设计　牛　红　何亦明　　　责任督印　张遇春

出版发行　长江出版传媒　　430070　武汉市雄楚大街 268 号
　　　　　湖北教育出版社　430015　武汉市青年路 277 号
经　　销　新　华　书　店
网　　址　http://www.hbedup.com
印　　刷　武汉中远印务有限公司
地　　址　武汉市硚口区长丰大道特 6 号
开　　本　710mm×1000mm　1/16
印　　张　10
字　　数　128 千字
版　　次　2015 年 4 月第 1 版
印　　次　2015 年 4 月第 1 次印刷
书　　号　ISBN 978-7-5351-9714-6
定　　价　28.00 元

序 PREFACE

站上巨人肩膀　发掘生命正能量

21世纪是一个追逐梦想、向往成功的世纪，21世纪的中国群星璀璨、百花争艳、英雄辈出。21世纪，要实现鲲鹏展翅的伟大梦想，不可不重视自我潜能开发，为生命积聚正能量！

从中国“两弹一星”元勋钱学森的身上，我们可以看到一个人的潜能有多大。钱学森一人抵得上美国5个师的兵力。由于钱学森回国效力，中国导弹、原子弹的发射，至少向前推进了20年，中国因为有了和钱学森一样的科学家们，在世界上挺直了脊梁。

从中国杂交水稻育种专家袁隆平的成长经历，我们可以看到一个人的潜能有多大。袁隆平从一名普通的青年教师，成长为世界“水稻之父”，他在水稻上的研究成果，不仅解决了中国人的吃饭问题，而且为人类战胜饥饿带来了福音。

从中国航天英雄聂海胜的身上，我们可以看到一个人的潜能有多大。聂海胜出生于湖北一个偏僻的小村庄，在兄弟姐妹八人中，他排行第六。全家靠父母种田维持生计，生活十分拮据。聂海胜上小学的时候，经常打着赤脚上学，因为没钱交学费，他甚至交给老师一只兔子当学费。中学时代的聂海胜，每次暑假都要到十几里之外去搬木材、装茶叶，挣够下学期的学费。为了省下8角钱的乘车费，每次放学回家，他都要步行近40千米的路程。父亲去世后，全家生活的重担压在了母亲肩上，懂事的聂海胜打算辍学回家，帮助母亲承担起家庭生活的重担。多亏校长的及时劝阻，他才没有失学。一个在贫困环境下长大的穷孩子，竟然载着中国人的飞天梦想出征苍穹，升空日行八万里，巡天遥看一千河。

从微软公司创始人比尔·盖茨的身上，我们可以看到一个人的潜能有多大。为了实现让全世界每一张办公桌上都拥有一台个人电脑的梦想，比尔·盖茨从13岁开始醉心于电脑程序设计，后来毅然提前离开就读的哈佛大学，创建微软公司。在《福布斯》全球亿万富翁排行榜上，他连续13年蝉联世界首富。

一个人的潜能如此之大！那么，如何开发自身潜能呢？无数成功者的成长经历告诉我们，成功开发自身潜能，应从五个方面做起：认知自我，确立正确的人生发展方向；开发潜能，积聚人生正能量；掌握阅读方法，站上巨人肩膀，汲取人类智慧与力量；掌握创新思维与创造发明的方法，拥有创新智慧；在学校学习阶段，就开始研究性学习，培养科学探索的意识，提高发现问题与解决问题的能力。

成功必有方法。如果我们能够像那些成功者一样掌握了上述五种方法，就能够提升自己的素质与智慧，开发出生命正能量，实现鲲鹏展翅的伟大梦想！

《站上巨人肩膀——享受学习，放飞梦想》丛书，从自我认知、潜能开发、阅读方法、创新智慧、研究性学习五个方面，将鲜活的事例与立竿见影的方法呈献给读者。丛书所介绍的方法，既是对大师级人物成功方法的精心提炼，也是作者用了十多年时间，在上海、温州、深圳、武汉、襄阳等地的中小学校和家庭进行实践检验的结晶，每种方法都在实践中取得过良好的教育效果。

《站上巨人肩膀——享受学习，放飞梦想》丛书的编著过程，是一个拜师求学的过程，也是一个智慧大协作的过程。在此衷心感谢全国知名教育学专家、华中师范大学博士生导师郭文安教授，中国现场统计研究会教育统计与管理专业会理事长、武汉大学彭美云教授，北京大学出版社曹家和编辑，是你们的具体指导，让我能够站在世界教育理念的高度，融合现代教育学、心理学、管理学、方法论、多元智能理论等先进理念来确立课题、研究课题。衷心感谢上海、温州、广州、深圳、武汉、襄阳等地为我提供实验场所的大中小学的校长、老师和家长们，是你们的热忱帮助，让课题有了实验的学校、班级和学生，从而获得了丰富的第一手资料。衷心感谢所有参加实验活动的同学们，是你们的积极参与和优秀表现，让我看到了课题研究的巨大价值。衷心感谢湖北教育出版社李镧编辑，是您的严格要求与精心指导，开掘了作品的深度，让作品具备了可读性。衷心感谢本书涉及的所有大师级人物和文献创作者，是你们的感人事迹与智慧方法，给读者提供了巨大的精神食粮。衷心感谢十多年来一直鼓励、支持我的老师、同学、朋友和家人，是你们的热情鼓励与大力支持，给予了我坚持研究与写作的力量。

最后，希望《站上巨人肩膀——享受学习，放飞梦想》丛书，成为所有读者站上巨人肩膀的阶梯，成功做人、智慧做事，实现伟大的梦想。

由于水平有限，丛书的编著一定存在不少问题和不足，诚请广大读者批评指正。

作　者

序 PREFACE
阅读是一支歌

阅读是一支歌
在琅琅的诵读声中，
流淌着一条智慧的河。
于是，我们有了向往与思索，
向往着英雄的情怀，
思索着明天的成果。

阅读是一支歌，
在欢乐的读书声中，
我们认识了自我，
增强了成功学习的自信与自豪。
哇！
我有语言表达的天赋，
将来可以像莫言一样，
摘取诺贝尔文学奖的桂冠。
嗨！
我有数理逻辑的天赋，
将来能够像钱学森一样，
将智慧献给伟大的祖国。

听，
我有白灵鸟一样的歌喉，
将来可以成为一名歌唱家，
把美妙的歌声带给大家。
看，
我有矫健的身姿，
将来可以成为一名体育健将，
夺取金牌，让庄严的五星红旗升起在奥运会场上。
看，
我有灵巧的绘画特长，
将来可以成为一名丹青高手，
在世界上传递着中国的信息与文化。
看，
我有一双明察秋毫的眼睛，
将来可以成为一名生物学家，
在科学研究领域有所发现、造福天下。
瞧！
我有得天独厚的人际交往智慧，
将来可以成为一名出色的外交家，
让中国的朋友遍天下。
咿，
我有认知人的内心世界的特长，
将来可以成为一名教育家，
让中国的桃李遍天下。

阅读是一支歌，
在阅读中，我们的脑力得到开发。

勇敢、热爱、专注、坚持、责任等优秀品质
在阅读声中形成，生命的正能量一天天增强。
在阅读中，
我们懂得了，人生不可能像电视剧一样回放，
一定要把握好当下。
好读书且要读好书，
才能够站上巨人肩膀，汲取人类的智慧与力量。
在阅读中，
我们拥有了创新智慧，掌握了思维与创造的方法。
在阅读中，
我们开始了研究性学习，让明天的硕果在今天种下。

阅读是一支歌，
在阅读中，我们树起了人生的标杆，
肩负起民族的希望，拥有了大爱的思想。
在阅读中，
我们体会到慈母的关爱、严父的期待，
牢记着老师的教诲，
以天下为己任，爱我中华，强我华夏，
无愧于中华五千年光辉灿烂的历史与文化！

在“中华牵手阅读”活动中，读者选读这套丛书，可以在一分钟之内找到自己喜爱的片段，在集体分享、相互激励、相互启发中，很快掌握一种方法，开发生命潜能，增强成功学习的自信。

目录 Contents

自我认知篇

目标——成功人生的灯塔

002　马与驴的故事

003　没有目标的觅食者——松毛虫

一、目标对人生的意义 / 004

1. **目标是前进的灯塔** / 004

004　选对了方向就会同新的领域一起成长

005　活着就是为了制造世界最完美的产品

005　一定要夺得世界冠军为祖国争光

006　目标对人生的影响的跟踪调查

2. **目标是奋进的动力** / 007

007　将生命献给世界上最壮丽的事业

007　让全世界每张办公桌上都拥有一台个人电脑

008　令她半途而废的是看不到目标

3. **目标具有强大的激励效应与凝聚作用** / 008

009　顾维钧：为维护中国的尊严与主权

010　茅以升：掀开了中国桥梁史崭新的一页

010　邓稼先：让中国的原子弹横空出世

011　人才成长的共生效应

二、如何确立人生目标 / 012

013 取舍决定风格

013 苏格拉底的试验

013 犹太商人的选择

014 选己所爱，爱己所选

1. **确立目标，要鲜明而清晰** / 015

015 两个泥瓦工的区别

016 十年内将航天员送上月球

017 我才是要赶火车的人呀

2. **实现目标，要及时行动** / 017

017 天下事，做则易，不做则难

018 即日行动起来

018 不即刻采取行动，必死无疑

019 小男孩成为了真正的农场主

3. **实施目标，要使用目标分解法** / 019

020 将大赛程分解为几个小赛程

021 将任务分解为每天的具体行动

021 将资金分解开来筹措

023 将每节课分为先学后教当堂练

023 将作文分为一题五作

4. **确立目标的方法** / 024

024 确立三级目标

025 从三个方面确立目标

026 从三个方面分析入手

026 分七个步骤拟定目标

027 从五个方面检测目标
027 从四个环节管理目标
028 确立目标的五个原则

多元智能
——认知自我、确立人生目标的依据

一、认识多元智能 / 029

029 什么是智能
031 智慧、聪明、知识、学问的区别
032 什么是多元智能

1. 语言智能 / 032

032 会讲故事的诺贝尔文学奖获得者
033 几字之改扶危济困
034 一字之加反败为胜
034 词语转换见机智
034 掌握了 14 种语言的科学史家
035 李白：中国杰出的语言智能代表人物
035 苏轼：诗词文代表北宋文学最高成就
036 苏秦：凭三寸不烂之舌游说六国合纵抗秦
036 李斯：一封信改变了秦始皇的重大国策
037 李煜：一首词作流传千古

2. 数理逻辑智能 / 038

038 用数学方法阐明宇宙最基本的法则

039 天才型物理学家
039 世界应用数学之父
040 25 岁成为斯坦福大学教授的数学家
041 中国现代物理学研究的开创者
041 世界顶尖级投资家

3. 空间智能 / 041

042 中国绘画史上的里程碑
042 开辟新的航路，改变了世界的历史进程
043 以动态美的建筑设计闻名世界
044 在伦敦拍卖以天价成交的青花瓷罐

4. 音乐智能 / 044

045 中国伟大的作曲家
045 欧洲歌剧史上四大巨子之一
046 世界著名的钢琴家
047 中国家喻户晓的歌唱家

5. 身体动觉智能 / 047

047 用身体动觉智能传递中国文化
048 用速度夺得金牌
049 用身体技巧赢得成功
049 用舞姿展现永恒的美丽
050 最惊险的天鹅舞

6. 人际交往智能 / 050

051 中国古代最有智慧的外交官
052 新中国伟大的外交家
052 美国杰出的外交家
054 站在他人的立场上考虑问题的推销员

054　现代人际关系教育的奠基人

7. 自然观察智能 / 055

055　在观察中创立进化论学说

056　在观察中解决人类的吃饭问题

057　在观察中揭开野生黑猩猩的奥秘

8. 自我认知智能 / 058

060　中国伟大的教育家

061　认知行为疗法的代表人物

062　正念减压疗法的创始人

二、多元智能的启示 / 062

1. 人类的智能是多元的 / 063

063　每个人都是多元智能组合的个体

063　每种智能都有着多种表现方式

063　每个人都需要用多种智能来解决问题

064　每个人都有智能的强项和弱项

065　判断聪明的标准有多种

065　弱智指挥家的成长

2. 成功的管道是多维的 / 067

067　不同智能类型的成功者

068　找到智能强项，树立成功自信

070　发挥强势智能的迁移作用

3. 认知自我，确立正确的人生发展方向 / 072

072　知人者智，自知者明

073　内因是变化的根据

073 爱因斯坦在物理学领域找到导致深化知识的东西
073 爱迪生把电学作为主攻方向
074 打球只为拥有一双合脚的鞋
074 人，认识你自己
075 嘲笑他人的妇女
075 把弱项当强项发展的书生
076 沮丧的武士
076 我到底要什么
077 道路决定命运，方向成就辉煌
078 确立核心价值观
080 打造核心竞争力

4. **自我教育，让自己变得卓越而坚强** / 080

081 用一定尺度衡量自己
081 在公众的评价中认识自我
082 在劳动中找到自尊与荣誉感
082 在体育锻炼中认识自己的意志和力量
082 体验克服自己弱点的满足
083 让道德准则变成自我信念
083 培养自我教育能力的最佳年龄期
084 从阅读中找到了自我教育的方法
085 从父亲身上找到自我激励的力量

时间管理——实现人生目标的工具

087 时间就是生命
088 时间来去匆匆，稍纵即逝
089 时间是上天赋予人类最公平的资产

090 时间赋予不同的人以不同的价值
090 用最少的时间创造更大的价值
091 坚持做正确的事，以正确的方法做事
092 不会管理的笑话

一、计划管理 / 093

093 什么是计划
094 什么是计划管理

1. 计划是行动的纲领 / 094

094 有明确的目标与计划，工作量可提高 50 到 100 倍
095 制订计划 1 小时，执行省时 3 小时
096 计划管理要以目标为导向，以成果为标准

2. 制订三种计划 / 097

097 长期计划：十年以上的发展规划
098 中期计划：三至五年的发展目标
099 短期计划：一年内的行动计划
099 编制计划的要求和原则
100 制订人生发展规划的事例

3. 做好人生定位 / 102

102 什么是人生定位
103 人生定位的借鉴
106 大学生的人生定位
106 战略定位的教训
107 人生定位的自我问答

二、主次分配 / 107

1. 永远先做最重要的事情 / 108

108 将大石头先放进罐子里

109 判断最重要的事情的依据

110 一个小厂的崛起

2. 遵循四象限法则 / 111

111 只考虑物体的质量和时间

111 付出代价越少，正效率越高

111 时间管理四象限法则

3. 坚守“二八原则” / 113

113 “80/20 定律”

114 按事情的轻重缓急列好清单

4. 不值得做的事坚决不做 / 115

115 不值得定律

116 拒绝鼬鼠的挑战

三、程序优化 / 117

1. 并行做几件事 / 117

117 华罗庚：统筹法

117 引滦入津工程：30 年减少到 1 年半

118 效率专家：将三个水盆用于洗碗

2. 简化工作流程 / 118

118 崔西定律

118 去掉多余环节

119　简化工作流程
119　三联遗传密码的构想

3. **一次做好一件事** / 120

120　一次专注做好一件事
120　同类事情一次做完
121　预定日程

四、黄金时间惜用 / 122

1. **遵循生命节律** / 122

123　认识生物钟
124　充分利用黄金时间
126　开辟新的黄金时间

2. **把握今日** / 127

127　两面神的哭泣
128　努力请从今日始
129　把每一天都当成生命的最后一天
129　从手边看得清楚的事情做起

3. **消除时间杀手** / 130

130　排除干扰，学会说“不”
131　找出问题，分类控制
132　学会沟通与授权

4. **严格限定任务完成的时间** / 133

133　5分钟选定阅读内容
133　自己限定背会的时间
134　三年干出成绩来

五、零星时间的巧用 / 134

1. **见缝插针** / 134

134 利用冬天、夜晚和阴雨天

135 把别人喝咖啡的工夫都用在写作上

135 用好“零头布”

135 利用战斗间隙

136 见缝插针的巧妙应用

2. **分秒计算** / 136

137 用分秒来计算时间

137 实行时间统计法

137 按分秒收费

138 利用先进的工具

139 搞好日常生活管理

3. **巧用网络时间管理工具** / 139

139 web时间管理工具

139 互联网时间管理工具

140 任务管理工具

140 要事提醒工具

140 每日清单工具

140 在线时间管理工具

主要参考资料 / 141

自我认知篇

无论是小学、中学，还是大学，老同学毕业十年、二十年之后，都会找机会聚一聚，联络联络感情，叙一叙旧。相聚中大家不约而同地都会思考一个问题：“为什么同是同班同学，分别多年再次相聚，彼此间的境遇竟然相差十万八千里？为什么有的同学事业蒸蒸日上，令人羡慕不已；有的同学却生活窘迫，一事无成？”答案或许会有许多种。但是当你阅读了下面的故事，了解了多元智能理论，或许你就会发现其中的秘密，找到解决问题的途径。

目标——成功人生的灯塔

马与驴的故事

传说，在唐太宗贞观年间，有一匹睿智英武的骏马和一头任劳任怨的老驴是好朋友。贞观三年，骏马听说玄奘前往西天取经，正在挑选优良的坐骑，于是跑去应征，竟然被玄奘一眼看中。十七年后，骏马驮着佛经载誉而归，来到磨房看望老驴。

骏马向老驴讲起了西天取经的经历，骏马滔滔不绝地说："老兄，此次西天取经，我们从长安出发，穿越河西走廊，走过星星峡、流沙河，进入吐鲁番盆地、塔里木盆地，登上帕米尔高原，翻越兴都库什山达坂，最后抵达神秘的佛教圣地。一路上风餐露宿，走过人迹罕至的不毛之地，经历了九九八十一难，行程一万多千米。此番行程虽然跋山涉水，历尽艰险，却让我看到举世无双的险峰奇景，了解到各地的风俗人情，品尝到奋斗者的艰难曲折，享受到成功者的快乐与幸福！"

老驴听罢骏马的话，既羡慕又惭愧地说："老弟，你的经历是如此丰富，你取得的成绩是如此伟大，我连做梦都不敢想啊！"

骏马安慰老驴说："老兄，十七年来，我俩走过的路程大体相同。我在向西天前进的时候，你一刻也没有停下脚步。你我之间最大的差别，不过是追求的目标不同罢了。我确立了一个远大的目标后，始终如一地朝着这个目标前进。而你被黑布蒙蔽着双眼，只能围着磨盘打转转，因而一直没能走出这片狭小的天地！"

原来，骏马之所以有如此大的建树，是因为它志存高远，确立了一个远大目标，并付出了积极行动。而老驴呢，眼中无目标，胸中无大志，只是听天由命地围着磨盘打转转，所以虽然每天忙忙碌碌，却终生一事无成。

没有目标的觅食者——松毛虫

你看过可怜的觅食者——松毛虫的故事吗？法国昆虫学家法布尔在《昆虫记》中记载着他的一个有趣发现：

松毛虫在觅食的时候，总是由一只松毛虫走在队伍最前面带路，其他的一个跟着一个，排起长长的队伍。每只松毛虫都从嘴巴里吐出长长的细丝，给后面的尾随者引路。它们就这样一起吐着丝，铺着路，鱼贯而行。

法布尔想，既然松毛虫只会不假思索地跟着前者爬行，如果我把它们觅食的路线设计成一个圆，它们能否走出这个圆圈呢？法布尔决定和松毛虫开个小小的玩笑。

于是，他设法把一支松毛虫队伍，引到一个圆形的大花盆的盆沿上，花盆的边沿，恰好是一个现成的圆周。被引到盆沿上的松毛虫队伍，在盆沿上，一个跟着一个爬行着，慢慢地形成了一个封闭的环。它们首尾相接，没了领队，也分不出起点和终点。

这支队伍在盆沿上一圈又一圈的绕行着，用它们自己吐的丝，铺成一条环形的路。每一条松毛虫不断地把自己新吐的丝加了上去，丝的轨道越来越粗，越来越粗。一天、二天、三天……这支队伍只知道围绕着盆沿不停地环行，累得精疲力竭，饿得体力不支，却不知道改变行走的路线。

离花盆仅20厘米远的地方就是一棵松树，它们只要从盆沿上爬下来，就可以在松树上美美地吃饱一顿。可是，松毛虫竟然连一点逃离险境的意识也没有。它们就只知道沿着丝线铺成的路标，盲目地跟进、跟进！

原来，松毛虫是可怜的没有目标的觅食者。它们只知道遵循家族世代遗留下来的传统，承袭祖宗制定的规矩，沿着丝线铺成的路标盲目跟进，一点也不知道变通，一点也不知道与时俱进。

唉！在现实生活中，有许多生活窘迫的人，像那被蒙蔽着双眼的老驴一样，整天辛苦地忙于日常生活的琐事，却没有奋斗目标，没有远大的志向，所以终生一事无成；也有人像松毛虫一样，只知道遵循家族的传统，沿着父辈铺就的道路盲目跟进；更有少数不思进取的人，直到成年，还龟缩在父母的翼翅下，躲藏在狭小的房间里，不敢闯出自己生存的天地，仅靠父母一点微薄的薪水苟活着，沦落为啃老一族。

一、目标对人生的意义

既然目标对于人生是如此的重要，那么，什么是目标呢？

目标就是想要达到的目的，是期望得到的结果，是想要过的生活。目标是奋斗者的远大志向，是有志者追求的人生理想，是奉献者希望做成功的事情。

管理大师彼得·德鲁克说：“目标并非命运，而是方向。目标并非命令，而是承诺。目标并不决定未来，而是动员企业的资源与能源以便塑造未来的那种手段。”对于我们青少年来说，目标是人生的灯塔，是前进的方向，是动员所有资源塑造美好人生的手段。

1. 目标是前进的灯塔

我们每一个人都如同一只生命的帆船，航行在茫茫的大海上。大海航行靠舵手，舵手掌舵靠灯塔。灯塔具有引领方向、航行定位、危险警告等功能。一个人要想让生命的帆船，避开种种风险，安全顺利地抵达幸福快乐的港湾，就要确立人生目标，点亮前进的灯塔。人并不是有了工作才有目标，而是有了目标才能够确定工作。对于我们每个人而言，目标是前进的灯塔，是奋进的方向，是调动所有资源塑造美好人生的手段。

选对了方向就会同新的领域一起成长

诺贝尔物理学奖获得者杨振宁说：“从一生的长远发展着眼，人生最重要的并不是所学的这个技术、那个技术，这个定理、那个定理，关键是要走对方向。所谓方向正确，就是指二十年、三十年、四十年之间大有发展的空间。一个人选择了正确的方向，就会同一个新的领域一起成长，成功的机会如同遍地的黄金，到处都是。”

杨振宁是有智慧的。他早在美国读研究生时，物理学界的前沿发现了新的领域——粒子物理，也称为高能物理。当时，那个领域刚刚起步，存在着很大的发展空间，杨振宁紧紧抓住这一新领域的发展机遇，确立了人生的奋斗目标，结果取得了令人惊羡的成绩。

活着就是为了制造世界最完美的产品

“活着就是为了改变世界，制造出世界上最完美的产品！”这是美国苹果公司创始人乔布斯给自己确立的人生目标。这目标如同灯塔一样，引领着乔布斯奋斗的行程。

为了实现这一目标，1976年，年仅21岁的乔布斯，在自己家的车库里成立了苹果公司。之后，乔布斯设计和推出了一系列的电脑和电子产品，每一款电脑和电子产品，如Mac电脑、iPad平板电脑、iPod音乐播放器、iTunes在线音乐商店、iPhone智能手机等，在当时都是世界上较完美的产品。这些产品，不仅给苹果公司带来了巨大财富，而且产生了极大的社会轰动效应。

一定要夺得世界冠军为祖国争光

中国有一位知名的乒乓球运动员，刚进入国家队，就确立了“一定要夺得世界冠军为祖国争光”的奋斗目标。这目标如同灯塔一样，引领着她前进的方向。为了实现为国争光的冠军梦想，她认认真真地对待每一天的训练，认认真真地打好每一个球，认认真真地打好每一场比赛。终于，她实现了自己的人生目标，一口气为中国夺得了十几个世界冠军，成为当时唯一一位蝉联奥运会乒乓球女单冠军的运动员，也是唯一一位获得过4枚奥运会金牌的乒乓球运动员。

从运动员岗位走下来后，她又确立了新的奋斗目标：“做一个出色的体育经营管理者。”为了实现这一目标，她先后获得清华大学学士学位、诺丁汉大学硕士学位、剑桥大学博士学位。通过努力，她再一次实现了自己的人生目标，在适应全球化过程中，为自己创造了更多的发展机会。

作为青少年一代，你的人生目标是什么呢？你打算让自己的一生怎样度过？你想做一个怎样的人？过怎样的生活？想从事什么样的职业？一生取得多大的成绩呢？

人生在世，所有人都像南来北往的旅客一样，我们必须知道自己的人生目标是什么，所要到达的目的地在哪里，这样，我们才能决定自己将要乘坐哪一列火车，朝哪一个方向努力。如果一直不能确定自己所要到达的目的地，那么，就会停留在原地打转转，永远也踏不上时代前进的列车。

目标对人生的影响的跟踪调查

美国哈佛大学的研究者们，曾经做过“目标对人生影响”的跟踪调查。这个调查用了长达20多年的时间，调查对象是一群智力、学历、环境等条件基本相同的年轻人。结果发现被调查者之中：

3%的人，有清晰的长期目标；

10%的人，有清晰的短期目标；

60%的人，目标模糊；

27%的人，没有目标。

经过25年的跟踪调查，研究者又发现，被调查者的生活状况出现了明显差异：

那 3%有着清晰的长期目标的人，几乎都成了社会各界的顶尖成功人士，他们之中不乏白手起家的创业者、行业领袖、社会精英。

那10%有着清晰的短期目标的人，大都生活在社会中上层，他们共同的特点是：那些短期目标不断实现，生活状况稳步上升，成为了各个行业的专业人士，如医生、律师、工程师、高级主管等。

那60%目标模糊的人，几乎都生活在社会中下层，能够安安稳稳地生活和工作，却没有什么特别的成绩。

那27%没有目标的人，几乎都生活在社会的最底层，他们经常失业，要靠社会救济才能生存，他们常常抱怨社会、埋怨人生。

2. 目标是奋进的动力

目标是奋进的动力。英国戏剧作家、诺贝尔文学奖获得者萧伯纳说：“人生的真正欢乐是致力于一个自己认为是伟大的目标。”大文学家高尔基说：“一个人追求的目标越高，他的才力就发展得越快，对社会就越有益！”

将生命献给世界上最壮丽的事业

读过《钢铁是怎样炼成的》这部世界名著的人，都会背诵书中的一段名言：“人生最宝贵的是生命，生命属于人只有一次。一个人的生命应当这样度过：当他回忆往事的时候，他不会因为虚度年华而悔恨，也不会因为碌碌无为而羞愧；在临死的时候，他能够说：‘我的整个生命和全部精力，都已经献给了世界上最壮丽的事业——为人类的解放而斗争。’”

将“整个生命和全部精力献给世界上最壮丽的事业——为人类的解放而斗争”，既是作品主人公保尔·柯察金的人生目标，也是作者奥斯特洛夫斯基给自己确立的人生目标。

尽管奥斯特洛夫斯基家境贫寒，11 岁就开始当童工，15 岁上战场，16 岁身受重伤，23 岁不幸身体瘫痪、双目失明，年仅 32 岁就去世了，但是，在目标的激励下，在短短的三十二年的生命旅程中，他以惊人的毅力，追寻着生命的意义，在病榻上创作了长篇小说《钢铁是怎样炼成的》。这部作品自问世以来，畅销不衰，成为全世界青少年读者喜爱的世界名著之一。

眼界决定境界，气度决定格局。目标是奋进的动力，一个人追求的目标越高，才会发展得越快！一个人把目标的价值看得越大，激发的力量越强，产生的动力越大，成功的概率越高。

让全世界每张办公桌上都拥有一台个人电脑

美国微软公司的创立者比尔·盖茨是一位编程天才，更是一位商业奇才。比尔·盖茨的成功，在很大程度上是因为他在大学三年级的时候，就确立了这样的人生目标：“让全世界每一张办公桌上都拥有一台个人电脑！”今天看来，这个目标并不神奇，但是，早在几十年前，这却是一件令人难以想象的事情。

在这一目标的激励下，比尔·盖茨坚持不懈地开发计算机软件系统。他开发的计算机软件，不仅改变了整个人类学习、工作、生活的方式，也让自己在39岁的时候，就成为了世界首富。在美国《福布斯》杂志公布的2013年美国前400位富豪排行榜中，比尔·盖茨以720亿美元的净资产，连续二十年蝉联美国首富宝座。

令她半途而废的是看不到目标

弗洛伦斯·查德威克是第一位完成往返横渡英吉利海峡的游泳选手。她曾经成功地横渡塔利娜海峡，创下全美和世界纪录。这一次，她想打破原来横渡英吉利海峡所创下的世界纪录。

可是，在横渡那天，老天不作美，海面起了浓浓的大雾。海天交界处、远处海岸线，全部被大雾吞没。已经游了很长一段距离的查德威克，怎么也看不到预定的目标。因为看不清前进的方向，让查德威克变得不知所措起来。她感觉汹涌刺骨的海浪，似乎变得更加猛烈了。她感到浑身疲惫，肌肉酸疼，手脚开始抽筋。查德威克知道自己不能坚持游下去了，于是叫人拉她上船。

教练告诉她说：“你已经游了15个小时，离海岸很近了，千万不要放弃！”但是，四周除了浓雾，她什么也看不见。查德威克坚持上了船。非常遗憾！她上船的地点，离海岸仅有半英里！

上岸后，查德威克告诉大家说：“令我半途而废的，不是疲劳，不是寒冷，而是看不到目标！”人生也是如此，没有目标，就会迷失前进的方向，就会丧失奋进的动力与拼搏的勇气。

3. 目标具有强大的激励效应与凝聚作用

人生短暂，如白驹过隙。梦想是虚幻的，理想是追求中的，只有目标具有实践性。远大而富有挑战性的人生目标，具有强大的激励效应，它可以激发我们奋发向上的激情，带给我们拼搏的力量，增强我们战胜艰难困苦的勇气，让人生过得充实而有意义。

翻开人类成功者的成长史可以发现，他们之所以能够取得成功，最关键的一点，就是他们确立了远大的人生目标，找准了前进的方向。

顾维钧：为维护中国的尊严与主权

中国早年杰出的外交官顾维钧，把维护中国的尊严与主权作为终生奋斗的目标。

少年时代的顾维钧，亲眼目睹一系列丧权辱国的事件：

6 岁，他目睹了《中日马关条约》的签订，清政府把中国台湾割让给日本；12 岁，他目睹了义和团运动失败，清王朝被迫为死去的侵略者——德国公使克井德树立牌坊……

一件件耻辱的记忆，促使顾维钧在美国哥伦比亚大学留学期间就下定决心，一定要选择外交官作为自己终身的职业。远大的志向激励着他努力为之奋斗。

1918 年，顾维钧作为中国代表团成员参加了“巴黎和会”。在会上，顾维钧代表中国发言。面对美国总统威尔逊、英国首相劳合·乔治、法国总理克雷孟梭这些世界著名的政治家，顾维钧慷慨陈词：“中国代表团要求和会归还胶州租借地、胶济铁路，以及德国在大战前所占有的其他一切权利。胶州和胶济铁路所在地的山东省，是中华文明的摇篮，是孔子和孟子的诞生地，该租借地是中国完整不可分割的一部分。中国的孔子就如西方的耶稣。中国不能失去山东就如同西方不能失去耶路撒冷一样！”

他的发言有理有据，强烈的爱国热忱与民族意识溢于言表，深深打动着与会的各国代表。美国总统威尔逊等大国代表称这发言，是中国主权观的卓越论述。许多与会者也纷纷向顾维钧表示祝贺。

“中国的孔子就如西方的耶稣。中国不能失去山东，就如同西方不能失去耶路撒冷一样！”这句话，被法国《费加罗邮报》等多家报纸引用，一时成为名言。

在和会的最后阶段，面对列强瓜分中国的严峻局势和中国代表团内部的四分五裂，31 岁的顾维钧没有退缩，他毅然决然地承担起历史的重任，率领中国代表团坚决拒签《巴黎和约》。

顾维钧在“巴黎和会”上所显示的中国外交家的风采，不仅维护了中国的尊严与主权，而且吸引了整个巴黎的目光，使不少弱小国家的代表看到了希望！

茅以升：掀开了中国桥梁史崭新的一页

中国杰出的桥梁专家茅以升，以振兴中国的桥梁事业作为人生的奋斗目标。

青少年时代的茅以升，看到当时的中国贫弱不堪，许多铁路和桥梁的修建权都被帝国主义列强把持：

济南的泺口黄河大桥——德国人修建；

郑州的黄河大桥——比利时人修建；

沈阳的浑河大桥——日本人修建；

云南的河口人字桥——法国人修建；

广州的珠江大桥——美国人修建。

凡是像样一点的桥梁修建权都落入了洋人之手，茅以升深感痛心，发誓要在桥梁事业上为中国人争口气。

远大的志向，强烈的民族责任感，激励着他发愤读书，推动着他去实现宏伟的目标。1933年，他应邀设计了第一座由中国人自己设计的现代化大桥——杭州钱塘江大桥，掀开了中国桥梁史崭新的一页！

成功的目标设计，不仅具有强大的激励效应，而且具有极强的凝聚作用。它可以让我们在没有得到结果之前，就看到成绩、看到光明、看到胜利，从而将所有的聪明才智，凝聚为长期持久的专注力。

邓稼先：让中国的原子弹横空出世

邓稼先是中国核武器研制的开拓者、奠基人，是中国两弹元勋、原子弹之父。为了中国的安全和强大，为了中国国防科研事业的发展，他将振兴中国的核武器事业作为终生为之奋斗的目标。

1945年8月6日，美国在日本广岛投下一颗原子弹，8月9日，另一颗原子弹在长崎爆炸，顷刻间，两座城市化为废墟，成千上万人被夺去生命。

1950年，邓稼先放弃了美国优越的生活和工作条件，从美国回到祖国，参与了中国核武器的设计和研究工作。为了以最快的速度把中国的核心武器研制出来，年仅34岁的邓稼先，毅然告别了妻儿，义无反顾地来到中国最荒凉、最偏僻的戈壁滩。

在大漠戈壁滩上，邓稼先和他的战友们，凭着一颗爱国之心，一种革命的豪情壮志，几十年如一日，默默工作，无私奉献，硬是把神秘的古罗布泊、马革裹尸的古战场，建设成中国第一个核武器基地。

核武器研究初期，大大小小临时出现的问题层出不穷。“粗估”参数，要有物理直觉；筹划昼夜不断的计算，要有数学见地；决定方案，要有果断的决策和稳健的判断，而理论是否够准确永远是一个难题。从原子弹、氢弹原理的突破、试验成功及武器化，到新的核武器的重大原理突破、研制试验，邓稼先解决了一个又一个重大难题，做出一个又一个重大贡献。每当遇到危险时刻，他总是不顾个人安危，出现在最危险的岗位上。

1964年10月16日，中国第一颗原子弹横空出世！

1967年6月17日，中国第一颗氢弹威震山河！

与美国、法国、苏联相比，邓稼先和他的战友们创造了世界上研发核武器的最快速度，终于让中国摆脱了任人宰割的时代，让华夏挺起了坚强的脊梁！

从邓稼先和他的战友们在为中国核武器事业发展所做的伟大贡献中，我们可以看到目标的巨大凝聚作用。

人才成长的共生效应

据说，1979年，诺贝尔物理学奖授奖时，发生了一件有趣的事。在三位获奖者中，有两位是美国纽约市布朗克斯高级理科中学的毕业生，而且还是同班同学。其中一位叫格拉肖，另一位叫温伯特。

为了庆贺他们的成功，同学们发起了一次1950级校友聚会。聚会上，同学们惊奇地发现，另外还有六名同学，也做出了显赫成绩，成为了专家级别的教授。阔别了三十二年的同学们，回忆起成才的道路，惊奇地发现：他们成才道路的起点，竟然都是布朗克斯中学。

温伯格说："你想成为什么样的人，多少有点取决于你与谁一起上学，这里有一种'共生效应'。"而这群杰出的物理人才的"共生效应"，就是在中学时代，他们都热爱科学，都有了献身科学的共同目标。

二、如何确立人生目标

人生目标是自己将来想要成为什么样的人、做什么样的工作、过怎样生活的一种设想，当前的思想决定着未来的走向。我们的一生，到底要主攻什么方向、走什么道路，必须作出取舍。在确立人生目标的问题上，就如同一个人不能在同一时间里乘坐两列火车一样，一定要作出取舍。有舍，才有得；有放弃，才能承担。懂得选择，学会放弃，才能卸下人生的种种包袱，轻装上阵。

人生目标具有差异性、多元性、层次性与时间性特征。不同的人会有不同的人生目标，不同的目标会有不同的生存方式，彼此不相兼容。人的一生只能主攻一个方向，以一个领域为立足点，不能盲人骑瞎马，漫无边际地瞎撞。在确立人生目标的问题上，能否做到明智的选择、理智的放弃，是对一个人人生智慧的考验！

当年，鲁迅弃医从文，为的是将文学作为"药"，医治旧中国国民愚昧麻木的病根，唤醒民众。他的选择是以民族利益为准绳，结果他成为了中国伟大的文学家、思想家和革命家。

当年，物理学家李政道上西南联大，学校教学仪器很少，无法做实验，他意识到，如果自己走实验科学这条路，不具备条件。于是，他当机立断，选择理论物理学作为自己的发展方向，最终成为了世界著名的物理学家、诺贝尔物理学奖的获得者。

科普作家叶永烈，原本是学化学的，毕业后却被分配做电影制片工作。根据实际情况，他很快调整了自己的人生坐标，结合自己爱好文学的特点，在从事科教电影工作的同时，坚持写作，最后成为了著名的科普作家。

取舍决定风格

杨振宁认为，科学是研究事实的，但不是所有事实都有特别的研究价值。这就需要有取舍。取舍方针不同，对于自然现象里的规律和美妙程度的了解不同，这就决定了一个人的风格，也由此决定了他工作的重要性。这种取舍，将使别人的模仿变得十分困难，因为模仿者会因此而侵蚀自己的优势。

在人生目标的选择上，也是同样道理。

苏格拉底的试验

古希腊哲学家苏格拉底曾经做过一个试验。他让学生们沿着一条山谷摘取一朵自认为最美丽的花朵，每个人只能摘取一次。试验发现：

性急的，摘取了自己见到的第一朵花，再往后走，发现还有许多美丽的花朵比自己摘取的这朵更美，后悔不已。

贪婪的，以为最美丽的那一朵花一定是在最后面，于是，一路上左顾右盼，迟迟不敢动手，直到实验结束，仍旧两手空空。

那些有智慧的，在途中适时摘取了自认为最美丽的一朵花，得到了令他们满意的花朵。

人的一生，充满了种种机遇与选择。许多时候，我们面前呈现的是一片树林，却只能选取其中的一棵树。这时候，便考验着我们取舍的智慧。更多的时候，我们为了得到属于自己的一棵树，必须放弃那一片树林！

有人说，比尔·盖茨最聪明的地方，不是他做了什么，而是他不做什么。以微软公司的实力，比尔·盖茨完全有能力在软件开发之外，再开辟房地产或者其他什么产业，但是微软公司只专注于软件开发，其他什么也不做，因此，微软公司在软件开发领域，一直处于世界的领先地位。

犹太商人的选择

在犹太商人中流传着一个幽默故事。说是有三个人，同时被判了三年徒刑，监狱长对他们说："你们每一人提出一个要求，我可以满足你们。"

美国人爱抽烟，于是说："我要 3 箱雪茄！"

法国人十分浪漫，于是说："我要一个美女陪伴！"

犹太人喜欢经商，于是说："我要一部电话"。

监狱长一一满足了他们的要求。

三年时间很快到了，三个人同时刑满释放。

美国人第一个冲出来。只见他嘴里塞满了雪茄，大声喊道："火！火！"原来，三年前，他只顾要雪茄，却忘了要"火"！

法国人第二个走出来。只见他手里抱着一个男孩，美女手里牵着一个女孩，肚子里还怀着一个宝宝。

犹太人最后一个走出来。只见他紧紧握住监狱长的手说："谢谢！谢谢您送给了我一部电话！这三年来，我每天都与外界保持联系，生意不但没有停顿，反而增长了两倍。为了表达我的感谢，请收下这辆劳施莱斯汽车吧！"

确立人生目标，是一门选择的学问、放弃的智慧。有什么样的选择，就有什么样的生活。今天的生活，由我们三年前的选择所决定；今天的选择，又将决定我们三年后的生活。

那么，如何做到最明智的选择呢？常言道，男怕入错行，女怕嫁错郎。目标的选择，如同女人选择丈夫一样，婚前，要选己所爱；婚后，要爱己所选。这也是确立人生目标的一个原则。

选己所爱，爱己所选

据说，有个女人，丈夫是出租车司机。女人出嫁那天，父亲写了一副对联送给她，忙乱中她把这副对联搁在了一旁，后来竟忘了这件事。婚后的生活，小两口不吵不闹，虽说日子过得平平淡淡，没有什么激情，却也没有什么大的变故。谁料想，儿子快要高中毕业的时候，丈夫得了胃癌，发现时已经是晚期，绝望中的丈夫拒绝手术。

有一天，女人在帮助儿子整理书架时，无意中发现了一个纸卷，打开一看，竟是已经过世的父亲在她出嫁那天送给她的那副对联。出于对父亲的思念，女人展开了对联，只见上面写着："婚前选你所爱；婚后爱你所选！"

读罢对联，女人陷入了对往事的回忆。

当年，因为爱，她选择了现在的丈夫。婚后，再也没有对丈夫有过爱的表示。现在，生命垂危的丈夫一旦离开这个世界，自己将永远不再会有机会表达对他的感情了。

想到这儿，女人来到丈夫身边，紧紧抓住丈夫的手，含着眼泪说：“老公，我非常地爱你，希望你一定要接受手术，我和儿子都离不开你！”这是结婚后丈夫第一次听到妻子对自己说的最诚挚的话。

丈夫知道妻子爱他、离不开他，一时百感交集，求生的力量立刻充满了全身。从那一刻起，他抱定一个信念：我一定要活下去！

丈夫接受了手术治疗，很快恢复了健康，又重新操起了方向盘，只是在方向盘的右上方多了一个吊牌。

吊牌上写着：“选己所爱，爱己所选！”

幸福快乐的人生，常常由成功的选择带来；痛苦不幸的人生，常常由错误的选择酿成。在我们身边，有许许多多的人，由于昨天错误的选择，导致了几年、十几年，甚至终身的痛苦。请珍惜今天选择的机会吧，慎重作出自己对人生目标的选择！

1. 确立目标，要鲜明而清晰

人生目标的确立，要鲜明而清晰。鲜明而清晰的人生目标，可以让我们知道：动用什么资源，采取什么行动，做好什么准备，完成什么任务；可以让我们知道：什么时候去做，用多长时间做，在实施目标的过程中，可能会遇到什么困难，需要什么支持，如何获得这些支持；可以让我们知道：每一个行动，是否在一步步接近自己的人生目标。这样，就可以紧紧把握前进的方向，减少盲动性、随意性，让紧张的学习、工作和生活，变得轻松而有秩序。

两个泥瓦工的区别

曾经有两名泥瓦工，在炎炎的烈日下一起修砌一堵墙。一位行人走过来，好奇地问他们：“你们这是在干什么？”

一位回答说："你没看见吗，我们不是正在砌墙吗？"

另一位则自豪地回答道："我们正在修建一座宏伟壮观的大剧场！"

后来，将自己工作视作砌墙的泥瓦工，砌了一辈子的墙，而将自己工作视作修建宏伟壮观大剧场的同伴，则成了著名的建筑师。两个人同做一件工作，一个目标模糊，一个目标清晰，这就是造成他们成就不同、命运各异的根本原因。

十年内将航天员送上月球

载人航天事业，是一个国家综合国力日益强大的重要标志。载人航天所取得的各项重大成就，对当今世界的格局和国家在国际中的地位，产生着极其重要的政治影响。

1961 年 4 月 12 日，当苏联航天员加加林乘坐"东方 1 号"宇宙飞船，安全返回地面，成为世界上第一个完成太空轨道飞行的航天员，苏联人民欢欣鼓舞，感到无比骄傲和自豪。当时，在世界人民的心目中，苏联似乎在一夜之间就成为了世界头号强国。

然而，当时的美国，举国上下垂头丧气。他们怎么也没想到，号称世界头号强国的美国，竟然会在一夜之间排名苏联之后。刚刚进入白宫的美国总统肯尼迪，立即要求他的高级顾问们，制订一个迅速战胜苏联的载人航天计划。

根据肯尼迪总统的指示，计划很快拿了出来。肯尼迪郑重地向全国公民宣布：十年之内将美国航天员送上月球！

这就是美国著名的"阿波罗登月计划"确立的目标。

为了完成这个目标，美国投入了 250 亿美元，集中了全国最好的科研单位、高等院校和航空航天公司科技攻关。经过近 40 万科技专家 8 个年头的艰苦努力，终于如愿以偿。1969 年 7 月 20 日，美国两名航天员乘坐"阿波罗 11 号"飞船，顺利登上月球。

美国载人登月目标的实现，不仅确立了美国在航天技术领域的世界领先地位，而且重新恢复了美国在世界人民心目中的科技强国形象。

"十年之内将美国航天员送上月球！"这一目标，包含着一个鲜明而清晰的目标定位：将美国航天员成功送上月球！

这一目标包含有一个严格限定的目标时间：十年之内。

尽管当时参加太空计划的人们并不知道如何把人送上月球，但是，他们始终把目标深深地刻在头脑里，坚信最终目标一定能够实现。围绕着这一目标，每个人都知道自己每天具体应该做什么，都忠实地履行着自己的职责。他们利用集体的智慧、众人的力量，终于提前一年实现了目标。

我才是要赶火车的人呀

有个笑话，说是有3个人一起赶火车，由于公路堵车厉害，他们耽误了第一班火车。好不容易赶到火车站，眼睁睁地看着第二班火车也开走了，他们只好耐心地等待第三班火车的到来。

第三班火车进站了。三个人高兴极了，争先恐后地向车厢奔去。

跑在最前面的两个小伙子，人高马大，一使劲儿，挤上了火车。可是，乘车的人实在太多了，第三个人因为个头矮人一截，结果怎么挤也挤不上去，第三班火车也开走了。看着远去的火车，第三个人突然捧腹大笑："哈哈哈，我才是要赶火车的人哪！"

在现实生活中，不少人也像送朋友赶火车的人一样，忘记了自己本来目标，糊里糊涂地踏上了与自己奋斗目标相左的道路。

2. 实现目标，要及时行动

古语说："不积跬步，无以至千里；不积小流，无以成江海。"把目标说上千遍万遍，没有行动不能兑现。"千里之行，始于足下。"确立了鲜明而清晰的人生目标，让我们有了奋斗的方向，接下来，要实现远大的人生目标，则要靠一步一步的行动。

天下事，做则易，不做则难

清代文学家彭端淑在《为学》一文说："天下事有难易乎？为之，则难者亦易矣；不为，则易者亦难矣。"彭端淑举例说，在四川边境，有一位穷和尚和一位富和尚，他们都有一个远大目标，都想到南海佛教圣地去朝圣。

富和尚问穷和尚道："你凭什么到南海去呀？"

穷和尚说："我凭借一个水瓶、一个饭碗足够了！"

富和尚鄙夷地说："多年来，我一直计划雇一条船顺江而下，尚且没有成功，你凭这就能够到南海去吗？"

第二年，穷和尚从南海回来了，富和尚感到十分惭愧。

四川距离南海，不知道有几千里路，富和尚不能到达，穷和尚却到达了。这说明了什么呢？积极采取行动，再困难的事情也会变得十分容易；只想不做，一切美妙的计划不过是一纸空谈而已。

即日行动起来

据说，第二次世界大战期间，身为英国首相的丘吉尔，每天因政治、军事、外交、经济等事务忙得焦头烂额。他每天工作 17 小时，并且有 10 个秘书为他服务还是忙不过来。为了提高工作效率，他要求每个官员都要在手杖上贴着"即日行动起来"的字条。正是这种雷厉风行的务实作风，让英国这部机器高速运转起来，取得了战争的胜利。

不即刻采取行动，必死无疑

1988 年 10 月 27 日，秘鲁一艘潜水艇被日本商船撞沉，其中有 22 人随着潜艇一起沉入了海底。危急关头，艇长当机立断：将艇员们通过鱼雷发射管发射到海面。

许多人当即表示反对，怕留下终生难以治愈的"减压病"。

艇长说："如果不迅速采取行动，所有人必死无疑！"

无奈中，艇员们只好听从了艇长的命令。

结果，除一人大脑出血外，其他人全部被安全地发射到海面上，躲过了生命的一劫。

有人曾经对几百名百万富翁的成功原因进行了调查。结果发现，在 31 种成功原因中，当机立断，积极行动，占据第一位。

有人对 2500 名遭遇过失败的人的失败原因也进行了调查。结果表明，在多种失败因素中，迟疑不决，畏缩不前，占据首位。

小男孩成为了真正的农场主

有一个小男孩想做一个农场主，拥有一座自己的牧马农场。

他在题为“理想”的作文中，洋洋洒洒地写了七张纸，描述了自己追求的目标，并且还画了一张农场设计图。图上，有马厩、跑道，农场中央还有一栋豪华的住宅。

语文老师却在他花了大量心血书写的作文上，打了一个大大的“F”，旁边还写了一行字：“下课后来见我！”

课后，小男孩带着作文去见老师。

老师训斥他道：“小小年纪就做着白日梦！你父亲不过是一个马术师，你家没有钱，没有地位，什么都没有！建一座农场，可是个花钱的大工程。要花钱买地，花钱买纯种良马，花钱照顾它们……”

接着，老师又说：“如果你重新写一篇作文，让理想不再离谱，我会考虑重新给你评分。”

回家后，小男孩征求父亲的意见。

父亲告诉他说：“儿子，这是一个非常重要的决定，你得自己拿主意！”

经过再三思考，小男孩决定不再重写。

第二天，他将原稿交给老师说：“即使不及格，我也不愿意放弃自己的理想和目标！”

二十年后，当年的小男孩已经成为了真正的农场主！

有一天，老师带着一个班的学生，来到农场露营。临离开前，他对当年的那个小男孩、现在的农场主说：“非常惭愧，我曾经泼过你的冷水。这些年来，我也曾经对不少学生说过类似的话，幸亏你一直坚守自己的目标！”

3. 实施目标，要使用目标分解法

确立了人生目标，让我们的人生有了前进的方向、奋斗的目标，而实施目标最好的方法，就是使用目标分解法。

俄国文学家列夫·托尔斯泰说："要有生活的目标，一段时期的目标，一个阶段的目标，一年的目标，一个星期的目标，一天的目标，一个小时的目标，一分钟的目标，还得为大目标牺牲小目标。"

所谓目标分解，就是将一个长期目标，分解为一个一个的中期目标；将中期目标，分解为一个一个的短期目标。目标分解就是让目标达成有措施，行动有计划，时间有安排，前进有依据。

比如，我们可以把一个十五年的长期目标，分解为几个三年的中期目标；把三年的中期目标，分解为几个一年的短期目标；把一年的短期目标，分解为月、周、天的具体任务；再把每天的具体任务，分解为每小时、每分钟的具体行动。各级目标与人生终极目标方向一致，环环相扣，相互配合，形成协调统一的目标体系，然后分层管理，逐级实施。

将大赛程分解为几个小赛程

日本马拉松运动员山田本一，多次在国际马拉松邀请赛上获得冠军。他取得成功的一个重要原因，就是使用了目标分解法。他的具体做法是：每次比赛前，都要乘车把比赛路线仔细察看一遍，画下沿途明显的标志性建筑。比如，第一个是银行，第二个是百货公司，第三个是学校……就这样，一直画到赛程终点。

比赛开始后，他以百米冲刺的速度冲向第一个目标，又以同样的速度冲向第二个目标，然后是第三、第四、第五个目标……

40 多千米的赛程，被他这么一分解，就变成了几个小小的目标，不知不觉就跑完了全程。

最初，他把目标设定在 40 千米之外的终点上，结果只跑了 10 多千米就感觉疲惫不堪。因为，他被前面那遥远的赛程给吓住了。当他把长长的赛程分解为若干个小赛程逐一跨越，他感到轻松了许多。

使用目标分解法，可以让我们清醒地知道，当前应该做什么，怎样做。秩序井然地实施各个阶段性目标，让漫长的学习和工作变得紧张而有次序，让繁重的任务变得轻松起来，在不知不觉中提高学习和工作效率。

将任务分解为每天的具体行动

有一位美国作家与书商签订了一份写书合同。书商规定作家在半年内一定要完成写作任务。作家在半年的工作日程表上每天写着两字：“写书。”半年时间很快过去，可是作家的书却没有写出来。书商只好又给他3个月时间。作家在这3个月的日程表上照旧天天写着“写书”两字，书照旧没有写出来。书商十分生气，警告作家说：“我再给你 3 个月时间，假如这一次你再写不出来，就只好撕毁合同了！”

作家急得焦头烂额，却一直想不出一个好办法来。

这时，一位聪明的同行告诉他说：“这很好办，你只要将写作时间和任务分解开来，就可以顺利地完成任务！”

作家问：“如何分解呢？”

同行问他：“总共要写多少页的书？”

作家说：“180页。”

同行又问他：“让你多长时间完成？”

作家说：“90天。”

同行说：“这很简单，你只需要在你的工作日程表写上：‘今天写书2页’就行了。”

作家听从了同行的建议，每天坚持写书2页。顺利的话，一天还可以写上四五页。但是，不管哪一天，也不会低于2页。就这样，在同行的点拨下，作家仅用了一个多月的时间，就顺利地完成了写作任务。

下面是一个运用目标分解法，成功筹措资金的事例。

将资金分解开来筹措

1968年，美国罗伯·舒乐博士，向建筑设计师表达自己的建筑构想时说：“我打算在加州建造一座像神话中伊甸园一样美丽的水晶大教堂。”

设计师问他：“您的预算是多少资金？”舒乐博士说：“大概700万美元。”

设计师又问：“您已经筹集到多少资金呢？”舒乐博士说：“老实告

诉你，现在一分钱也没有。”

设计师笑了，说：“您一分钱也没有，就想建造一座像神话中伊甸园一样美丽的水晶大教堂？天哪，您是在讲《天方夜谭》吧？”

舒乐博士说：“不，这不是《天方夜谭》。我打算采用目标分解的方法，解决资金困难。你看，这是我的《资金筹措方案》。”

说着，舒乐博士将方案递给建筑设计师。只见方案上写着：

教堂最终预算 700 万美元，筹措方法为：

（1）一次性寻找到 700 万美元的捐助；

（2）分 7 次寻找到 100 万美元的捐助；

（3）分 14 次寻找到 50 万美元的捐助；

……

（9）分 700 次找到 1 万美元的捐助；

（10）卖掉 10000 扇窗户冠名权，每扇 700 美元。

结果，第 60 天，一位富商捐助了第一笔 100 万美元的赞助资金；第 65 天，一对农民夫妇捐助了 1000 美元；第 90 天，一个没有留下姓名的人，寄来了 100 万元的银行支票；8 个月后，一名捐助者说：“如果你有幸筹集到 600 万美元，剩下的 100 万美元，由我全部支付。”

第二年，舒乐博士又以每扇窗户 500 美元的价格卖出冠名权，付款方式也是采用的目标分解法：即每月付 50 美元，10 个月内分期付清。6 个月内又将这 10000 扇窗户冠名权全部售出。

1980 年 9 月，这座可容纳一万人的水晶大教堂竣工后，成为了世界建筑史上的奇迹与经典之作。大教堂成为美国的旅游胜景之一，每天都有来自世界各地成千上万的游客前往参观。

使用目标分解法，可以化繁为简，化难为易，让我们从大事着眼，从小事着手，先不去看远方模糊不清的东西，而是从手边看得清、抓得住的事情开始做起，让大目标逐渐变得清晰而且具体起来。

就像我们不可能一口吃掉一个大西瓜一样，但是，使用目标分解法，一口一口地吃，却会变得非常容易。当我们着眼于实施那一个一个的小目标，实施每小时、每分钟的每一小步，便会惊奇地发现，我们原以为无法跨越的困难，竟然被轻而易举地跨过。

在工作学习中，还有许多使用目标分解法的成功案例。

将每节课分为先学后教当堂练

江苏省某中学连续十年学生毕业率、合格率为100%，居全市之首，全校学生每门功课的考试成绩都在90分以上。据说，他们成功的经验，也是运用了目标分解的方法。

他们将每个学期的学习任务，分解为每月、每周、每天、每节课的具体任务。又将每节课的学习任务，分解为“先学，后教，当堂练”三个教学模块。教师和学生人人目标明确，个个任务清楚。他们将学习任务做到日日清、周周清、月月清，并且坚持不懈，持之以恒。

就这样，这所曾经被称为“三流硬件”“三流师资”“三流学生”的农村联办初中，如今已经成为江苏省教育现代化的示范初中、全国初中教育的一面旗帜。

将作文分为一题五作

一般来说，大多数同学都害怕写作文。有一位初中语文教师采用目标分解的方法，摸索出记叙文“一题五作法”。

她的具体做法是：把一篇作文分为选择材料、确立主题、布局谋篇、活用表达方式、锤炼词句五大块。每一遍她只着重解决一个小问题。比如，写“一件有意义的事”：

第一遍，她强调“选材新”。学生写完作文，她快速将全班作文浏览一遍，挑出三篇选材新颖的和三篇平淡无味的作文在全班评讲，然后让同学们重新选材，再写一遍。

第二遍，她强调“立意高”。作文交上来，她快速将全班作文浏览一遍，从中挑出三篇立意好的作文进行评讲，然后提出立意要求，让学生再写一遍。

第三遍，她强调“布局巧”。作文交上来，她快速将全班作文浏览一遍，从中挑出三篇布局巧的作文进行评讲。然后对作文的剪裁、开头结尾、过渡照应提出具体要求，再指导学生巧妙地应用顺叙、倒叙、插叙等手法，让学生再写一遍。

第四遍，她强调活用表达方式。作文交上来，她快速将全班作文浏览一遍，从中挑出三篇表达方式用得好的作文进行评讲，再指导学生在作文中巧用比喻、拟人、排比、夸张、对偶等修辞手法，再将作文重写一遍。

第五遍，她要求学生在遣词造句上下功夫，准确地选用动词、形容词。作文交上来，她从中挑选三篇做得最好的作文进行评讲，指导学生精选恰当的动词、形容词，让人、事、景活起来，然后再让学生写一遍。

“一题五作”，将一篇记叙文的难点分解为五个方面，一遍只集中解决其中的一个难点。这样做，学生既感到作文有规律可循，每一遍又都能看到自己作文的进步，因而大大增强了写作信心，很快提高了写作水平，许多学生对作文也产生了浓厚兴趣。

如果我们能够坚持不懈地使用目标分解法，几年、十几年后，再回过头来看看，便会惊奇地发现：自己曾经走过的路，一步一步是那么的漫长而扎实；自己的进步，是如此的令人振奋，让人自豪；所取得的成就，让许多人再没有时间和机会赶上！

4. 确立目标的方法

有人说，人生好比解一道数学题，成功解题关键就在那几步。有人说，人生好比打一场保龄球，一局之中任何一个球的一分之差，对总分影响都很大。我们要追求一个美好快乐的人生，只有确立正确的人生目标，把握好人生关键的那几步，才能赢得人生每个阶段的每一分。

确立三级目标

人的一生一般需要确立三级目标：

（1）长期目标。长期目标是十年以上的人生发展规划。长期目标具有宏观性、战略性特征，是制定中期目标的依据。

（2）中期目标。中期目标是三至五年的发展计划。中期目标是制定短期目标的依据。

（3）短期目标，短期目标是一年的发展计划。短期目标是对中长期目标的具体实施和落实。

人的一生要有一个明确的、贯穿始终的长远目标。在长远目标下，还要有若干阶段性中期目标予以支持。在中期目标下，要有短期目标对中期目标给予落实。这样构成一个有机的目标体系，这个体系有着严密的层次结构。

从三个方面确立目标

人的一生一般要从三个方面确立目标：

（1）个人和家庭，这是生活的基础；

（2）职业和财务，这是生存的保障；

（3）事业或专业发展，这是人生的成果。

比如，职业目标是一个人对自己一生中所承担工作职务的预期，是人生总体目标的主体部分。它包括一个人学习与成长目标以及对一项职业的贡献和成就期望。它和我们所处的家庭、社会环境存在着密切关系，我们要根据自己的实际情况设定职业目标。

确立职业目标的好处在于：它可以让我们明确职业发展方向；可以通过评估个人现状，找到差距，修正奋斗策略；它可以将职业生涯规划与个人的生活、家庭与事业联系起来，突破生存的格局，让生活变得充实而有条理。

确立职业目标，首先要想清楚：自己打算选择什么样的职业、什么样的单位，想达到什么样的成就。如何通过自己的学习达到目标。未来具有不确定性，设定职业目标不是一成不变的，还要适时适当地变通。

又如，财务目标的确立。财务目标涉及家庭日常生活的开支、基本建设、风险防范、子女抚养教育、退休生活保障、资本积累增值等问题。好的财务目标，要求时间明确，数量可以衡量。

从三个方面分析入手

人生目标的确立，一般要从三个方面分析入手：

（1）对个人、家庭和外部环境的分析；

（2）对总体目标的分析；

（3）对总体目标的分解和协调。

分七个步骤拟定目标

美国耶鲁大学将目标的拟定分为七个步骤，这七个步骤可以作为我们拟定目标的借鉴。这七个步骤是：

（1）拟出期望达到目标的清单

我们想实现的目标会有很多，全部列出来，再设定一个优先等级，依据优先等级拟定计划，确定完成的先后顺序。每天早上读一遍自己的目标；晚上，审查目标的实施情况。每天坚持这样做，才能加深印象，让目标进入自己的潜意识。

（2）列出达成目标的好处

比如，如果目标是想考入清华大学，那么，列出考入清华大学对自己将来的发展会有哪些好处。

（3）列出可能出现的困难

比如，要想考入清华大学，会遇到许多困难。这些困难是英语成绩不够好，还是学费困难？将困难一一列举出来，然后再想出办法一一解决。

（4）列出实现目标所需要的资源

所谓资源，简单地说，就是实现目标需要具备哪些条件。这些条件，或许是某种教育，或许是职业的改变，或许是财务的支持，或许是学习新的技能，或许是得到别人的协助，或许是自我能力训练，或许是寻求事业合作伙伴等等。

（5）列出寻求支持的对象

实现目标，要想高起点早实现，必须站上巨人的肩膀向上走，单枪匹马，很难实现。因此，需要我们将能够支持我们的对象一一列出。

（6）制订行动的计划

这计划是实现目标的关键步骤。它包括每个学期要完成什么学习任务，做好什么思想准备和物资准备。

（7）限定达成目标的期限

我们不仅要限定阶段性目标的完成时间，还要限定每个小目标的完成时间。只有排定好了具体目标的完成时程表，才能要求自己在规定的时间内确实去做，马上去做，才能对学习的进度进行有效监控与调整。

从五个方面检测目标

人生目标的确立，不仅要明确、清晰、具体，能量测，能评估，能验证，而且对拟定好的目标，还要从这五个方面进行检测，看看是否有效可行：

（1）看目标是不是特定的、范围明确的，而不是宽泛的。

（2）看目标是不是能度量的，有实现目标的标准，而不是模糊的。

（3）看目标是不是可实现的，而不是理想化的。

（4）看目标是不是基于结果的，而不是行为或者过程的。

（5）看目标是不是有时间限定的，而不是遥遥无期的。

只有通过检测，认定目标的确切实可行，才可能在执行过程中，表现出强烈的责任感与实施的热情。

从四个环节管理目标

目标管理，要以目标为导向，以人为中心，以成果为标准，抓好四个环节：

（1）积极为长远目标投资。比如，努力学习，勤奋工作，寻找机遇，积极开发自身潜能等。

（2）不做能力不及的工作，不做没有用的事情。

（3）专注目标，不分散精力。

（4）用检测目标的五个标准，衡量每天目标的实施进展情况。

确立目标的五个原则

确立人生目标要遵循五项原则：

（1）与个人的智能强项相一致的原则

美国发展心理学家霍华德·加德纳将人类所拥有的智能分为：语言智能、数理逻辑智能、空间智能、音乐智能、身体运动智能、人际关系智能、自然观察智能、自我认知智能等八种智能。每一个正常的人都是多种智能组合的个体。人类智能倾向的不同与结构的差异，形成了每个人独有的禀赋与特殊的天性。这种独有的禀赋与特殊的天性，是一个人的兴趣、爱好、特长所在，也是有别于他人的强项智能所在。这种有别于他人的强项智能，是一个人的核心竞争力，也是一个人成功的内在动因，是我们设立目标的着眼点和重要依据。

（2）与个人的人生价值观相一致的原则

所谓价值观，就是在我们的生命中，什么对我们来说才是最有意义、最有价值、最能使我们感到快乐的东西。只有感到有意义、有价值，感受到快乐的东西，才能激起我们拥有的渴望。

（3）与社会需求相一致的原则

只有将设立的人生目标与社会需求、时代发展紧密结合起来，才会有更大的发展空间，才会使自己产生无穷无尽的动力。

（4）可行性原则

所谓可行性，就是设立目标要从自身的客观条件出发，量体裁衣，切实可行。倘若目标定得太低，毫不费力就能实现，缺乏挑战性，产生不了动力；定得太高，脱离了实际，无法实现，又会挫伤信心。目标设立的尺度，既不能好高骛远，又不能鼠目寸光，应该是“跳一跳，可以摘到桃子”。

（5）规定实现的具体期限

目标的设定一定要规定实现的期限。我们不但要规定终极目标的实现期限，阶段性目标的实现期限，而且还要规定每一项具体任务的实现期限，以便进行有效的进度监控和管理。

多元智能
——认知自我、确立人生目标的依据

认知自我是确立正确的人生目标的前提条件。只有认知自我，了解自我智能的结构特点，知道自我智能的强项与弱项，才能扬长避短，避弱趋强，打造自我核心竞争力，确立正确的人生发展方向。

那么，如何认知自我呢？霍华德·加德纳是国际上享有盛誉的发展心理学家、美国哈佛大学教育研究生院的教授、多元智能理论的创始人。加德纳多年致力于人类认知能力的研究，于1983年在《智能的结构》一书中提出了多元智能理论。多元智能理论，为人类认知自我、了解自我智能的结构特点，提供了重要的识别标准与理论依据。

一、认识多元智能

那么，什么是多元智能呢？要认识多元智能，首先让我们了解一下什么是智能。

什么是智能

智能，即智慧和能力。智能是一个人认识客观事物和运用知识解决问题的能力。智能是一个人知识背景、思维方式、人格内涵和行为的综合性能力。优秀的智能品质集中表现在反映客观事物迅速、深刻、正确的程度上，表现在应用知识解决问题的速度和质量上。智能往往通过注意、观察、记忆、想象、思维、判断等方式表现出来。

从下面众多专家学者对智能一词的解释中，我们可以进一步理解智能的含义。

加德纳认为，智能是在某种社会和文化环境的价值标准下，个体用以解决自己遇到的真正难题或生产及创造出有效产品、提供有价值服务所需要的能力，是一种处理信息的生理心理潜能。这种潜能在某种文化背景之下，会被激活以解决问题或是创造该文化所珍视的产品。

北京师范大学发展心理研究所林崇德教授认为："智力是指成功解决某种问题且表现出良好适应性的个性心理特征，由思维、感知、记忆、想象、言语和操作技能六种因素构成。智力个体差异表现在发展水平、发展方式、组成类型、表现范围等四个方面。"

法国实验心理学家比奈认为，智能是"正确的判断，透彻的理解，适当的推理"的能力。智力由三个重要元素组成，即指向性、调整性与批判性。指向性，指的是选择必须做的事情并安排步骤和方法；调整性，指的是在完成任务过程中选择策略和对策略使用的监控；批判性，指的是对个人的思维和行为作出批评和判断控制。善于判断、善于理解、善于推理是智力的三个重要特征。

美国耶鲁大学心理学教授斯腾伯格认为，成功智能包括分析性智能、创造性智能和实践性智能三个方面。分析性智能是进行分析、比较、判断的能力，用来解决问题并判定成果的质量；创造性智能是面对新任务、新情境产生新观念的能力，帮助人们从一开始就形成好的问题和想法；实践性智能是把经验应用于适应、塑造和选择环境的能力，实践性智能可以将思想及其分析结果以一种行之有效的方法加以实施。

斯腾伯格认为，成功智能是一个有机的整体，只有在分析、创造和实践能力三方面协调平衡时，才最为有效。具有成功智能的人，不仅具备这些能力，而且还思考在什么时候、以何种方式有效地运用这些智能。

智能也可以称之为智慧。智慧、聪明、知识、学问这四个概念有明显的区别。

智慧、聪明、知识、学问的区别

中国科学院王梓坤院士指出，智慧、知识与聪明三者的区别在于：智慧在于对客观世界和人生两方面的深刻的理解以及透彻的领悟。智慧不同于知识和聪明。知识是后天通过学习得来的，不是与生俱来的；聪明是指对事情反应比较快、比较灵敏；智慧的重点是领悟之深。通俗地讲，智慧就是“理解”再向前走几步到“领悟”。

中国科学泰斗严慈光认为，知识与学问的区别在于：知识是人类对事物的了解，而学问则是指会用所掌握的知识去解决实际问题。

中国著名教育家罗家伦在《学问和智慧》一文中指出了智慧和学问的区别，他说：“学问是知识的聚集，是一种滋养人生的原料，而智慧却是陶冶原料的熔炉。学问好比是铁，而智慧是炼钢的电火。学问是积铢累寸而来的。”

罗家伦进一步打比方说：“若把学问比作建筑材料，那智慧便是建筑师的匠心。有木、有石，甚至有水泥钢骨，决不能成为房子；就是懂得材料力学、结构原理，也只可以造成普通的房子，而决不能造成庄严壮丽的罗马圣彼得堡教堂或巴黎圣母院教堂。这种绝代的美术作品，是要靠艺术家的匠心的。但是材料愈能应手，匠心愈能发挥；构造的原理愈进步，艺术家愈能推陈出新。材料与技术对于作风的影响，整个美术史，尤其建筑史，都可以证明。所以学问与智慧是相辅为用，缺一不可的。我们不但需要学问，而且更需要智慧——需要以智慧去笼罩学问、透视学问、运用学问。”

罗家伦强调说：“智慧必须以学问做基础，才靠得住。无学问的智慧，只是浮光掠影瞬起瞬灭，好像肥皂泡一样，尽管可以五光十色，但是一触即破。唯有从学问中产生出来的智慧，才是探照灯，可以透过云层照射到青空的境地。唯有从学问中锻炼出来的智慧，才不是瞬息幻灭的肥皂泡；它永远像珍珠泉的泉水一般，一串串不断地从水底上涌。也唯有这种有根底的智慧，才最靠得住，最为清澈，最为宝贵。”

优秀的智能品质，集中表现在反映客观事物的正确、迅速、深刻的程度上，表现在应用知识解决问题的速度与质量上。

什么是多元智能

霍华德·加德纳认为，人类的智能是多元的，而不是单一的。人类所有个体至少拥有八种相对独立的智能。它们分别是：语言智能、数理逻辑智能、空间智能、音乐智能、身体动觉智能、人际关系智能、自然观察智能、自我认知智能等。这八种智能分别代表了人类八种不同的潜能。多元智能指的就是包括语言智能、数理逻辑智能、空间智能、音乐智能、身体动觉智能、人际关系智能、自然观察智能、自我认知智能在内的这八种智能。

下面，让我们对这八种智能分别作个具体了解。

1. 语言智能

要知道什么是语言智能，先让我们先了解一下什么是语言。

言为心声。语言是思想的外衣，是思维的载体，是人类最重要的交际工具。语言主要以口语和书面语为表达方式，传递信息、表情达意，相互交流，彼此沟通。从一个人的言谈中，我们可以了解到他的思想。

语言是认识世界的媒介，是文化传承的工具。我们知道，政治是流动的，文化是永存的。一个民族的文化是其根基所在，有了语言文字，各国的文化才得以在全世界交流传播，人类历史才得以延续。

所谓语言智能，是指有效运用口语和书面语表情达意的才能。具有杰出语言智能的人，有的专门从事文学的历史或理论研究，成为了文学家和学者；有的专门从事诗歌、戏曲或者小说的创作，成为了作家；还有的成为了政治活动家、思想家、演说家、律师、教师、记者、编辑、节目主持人、演员等。

会讲故事的诺贝尔文学奖获得者

2012 年，中国的一位著名作家成为了诺贝尔文学奖获得者。这位作家具有超凡的语言智能。他的语言智能表现在他很会讲故事。他讲述的故事，具有鲜明的民族特色，所以得到世界认可。

对一个作家来说，写作是语言智能最好的表现方式。这位作家将他所说的话，都写进了自己的作品里。他认为，用嘴说出的话随风而散，用笔写出的话永不磨灭。

作家在童年的时候，就是一个十分迷恋故事的孩子，他常常醉心聆听别人讲故事。小学还未毕业就辍学的他，饱受饥饿、孤独、无书可读的痛苦。也正因为这样，辍学以后，他开始了“用耳朵阅读”社会这部人生最大书的生涯。在集市上，他听说书人说书；在集体劳动的田间地头、在生产队的牛棚马厩、在爷爷奶奶的热炕头上、在摇摇晃晃行进着的牛车上，他聚精会神地聆听别人讲神鬼故事、历史传奇、逸闻趣事。后来，他将这些故事与当地的自然环境、家族历史紧密地联系在一起，作为创作的丰富素材。

具有超凡语言智能的人，一句话可以扶危济困，一句话可以反败为胜，一句话可以显见智慧。

几字之改扶危济困

让·彼浩勒是法国著名诗人，他具有超凡的语言智能，他几字之改扶危济困的故事，让人们惊叹不已。

据说，有一天，让·彼浩勒路过繁华的巴黎大街，看到街道旁站着一个衣衫褴褛、头发斑白、双目失明、神情悲伤的老人。老人身旁立着一块木牌，木牌上面写道：“我什么也看不见！”街上过往的行人看了木牌上的字，大都无动于衷，有的还淡然一笑，便姗姗而去。一个上午，老人一分钱也没有要到。

看到这一情况，让·彼浩勒拿起笔，悄悄在那行字的前面添上“春天到了，可是”几个字。下午，给钱的人多极了！

“春天到了，可是我什么也看不见”几字之添，成为富有诗意的语言。这语言带着浓厚的感情色彩，不由让人联想到：美好的春天，蓝天白云，绿树繁花，莺歌燕舞，流水人家……然而，春天里一切美好的景物，对于一个双目失明的老人来说，只是一片漆黑。老人一生竟然连万紫千红的春天都不曾看到，怎能不让人产生同情与怜悯呢？

这就是让·彼浩勒超凡语言智能的魅力。

一字之加反败为胜

马克·吐温是美国具有超凡语言智能的作家。据说，他的讽刺作品《镀金时代》发表后，立刻引起轰动。在记者招待会上，马克·吐温脱口骂道："美国国会议员中有些人是狗婊子养的！"这句话见报后，美国议员纷纷抗议，要求马克·吐温在报上公开道歉。马克·吐温答应了。

马克·吐温在报上发文说："日前，我在宴席上信口雌黄，说美国国会议员中有些人是狗婊子养的，议员先生们对此大加问责。细细考虑，此言确有不妥。现修改如下：美国国会议员中有些人不是狗婊子养的。"

这段话只不过增加了一个"不"字，肯定句变为否定句，意思并没有丝毫改变。马克·吐温的语言智能由此可见一斑。

词语转换见机智

安徒生是丹麦语言智能超凡的作家，他创作的童话故事《拇指姑娘》《卖火柴的小女孩》《丑小鸭》等，深受孩子们的喜爱。可是，并不是所有的人都喜欢他。

有一天，一位绅士在路上碰到安徒生，讥讽他说："安徒生先生，你脑袋上面的玩意儿能算个帽子吗？"安徒生立即反击道："先生，你帽子下面的玩意儿能算个脑袋吗？"安徒生只是将"脑袋"与"帽子"两个词前后交换了一下位置，犀利风趣，令人捧腹，让我们见识到一位栩栩如生的童话作家的语言机智。

古今中外有许多具有卓越语言智能的人，充分发挥了自己的语言天赋，成为他们所喜爱领域的杰出成功人士。

掌握了14种语言的科学史家

乔治·萨顿是世界著名的科学史家，他的语言智能十分发达。据说，他生前出版专著15部，发表论文和札记340多篇，并创办了科学史刊物《爱西斯》等。他还经常到世界各地演讲，仅在哈佛大学就演讲了140多次。

为了更好地进行科学史研究，他不仅掌握了广博的历史知识，而且掌握了14种语言。这些语言包括拉丁文、希腊文、法文、德文、荷兰文、意大利文、西班牙文、葡萄牙文、瑞典文、土耳其文、希伯来文、阿拉伯语和中文等。其中阿拉伯语是他在中年时才开始学习的。

中国古代有许多人具有卓越的语言智能，他们以特有的语言天赋成为所喜爱领域中的成功人士。

李白：中国杰出的语言智能代表人物

李白是中国盛唐时代著名的浪漫主义诗人，是中国历史上具有杰出的语言智能的代表人物，素有“诗仙”之称。

李白存诗900多首。其诗，或以奔放的激情，表达对理想的热烈追求、对建功立业的渴望；或以犀利的笔锋，揭露统治集团的荒淫腐朽；或以细腻的画笔，点染祖国的壮丽河山。

在语言艺术上，李白凭借奇特的想象、大胆的夸张、生动的比喻、反复的咏叹、非凡的气度、瑰丽的色彩，给人留下自然清新、飘逸自然、健康向上的感受。

在李白的诗作中，有许多名句被华夏子孙世代吟诵。

比如，《行路难》）中“金樽清酒斗十千，玉盘珍馐直万钱。停杯投箸不能食，拔剑四顾心茫然。欲渡黄河冰塞川，将登太行雪满山。闲来垂钓碧溪上，忽复乘舟梦日边。行路难，行路难，多歧路，今安在？长风破浪会有时，直挂云帆济沧海！”

又如，《将进酒》中“君不见黄河之水天上来，奔流到海不复回。君不见高堂明镜悲白发，朝如青丝暮成雪。人生得意须尽欢，莫使金樽空对月。天生我材必有用，千金散尽还复来。”

苏轼：诗词文代表北宋文学最高成就

苏轼是中国北宋时期卓越的文学家，其语言智能空前绝后。

他的文章，行文顺畅；

他的诗清新，善用比喻夸张，独具一格；

他用词豪放，对后代产生很大影响。

他的诗、词、文都表现出豪迈奔放的个性特征，丰富深刻的思想内涵，独具特色的艺术魅力，是北宋文学成就的最高表现。

苏轼的词《念奴娇·赤壁怀古》传诵甚广。其中“大江东去，浪淘尽、千古风流人物。故垒西边，人道是、三国周郎赤壁。乱石穿空，惊涛拍岸，卷起千堆雪。江山如画，一时多少豪杰”是千古传诵的名句。词句以恢弘的气势描绘了一幅赤壁江山的壮丽画卷。苏轼借三国周瑜的英雄形象，表达了自己为国家建功立业的志向。

苏轼的词作《水调歌头·明月几时有》的名句：“人有悲欢离合，月有阴晴圆缺，此事古难全。但愿人长久，千里共婵娟”也被千古传诵。苏轼借美好的月光，表达对悲欢离合的态度，抒发对生活的热爱，对人生美好的祝福，传递着人世间的亲情。

苏轼的《题西林壁》富于理趣。其中“横看成岭侧成峰，远近高低各不同。不识庐山真面目，只缘身在此山中”的名句，充满了人生哲理，读来亲切自然，耐人寻味。

苏秦：凭三寸不烂之舌游说六国合纵抗秦

苏秦是中国战国时代极具语言智慧的说客和谋士。他擅长战略谋划、游说与辩论，极具权谋策略及言谈辩论的技巧。

游说，他善于抓住问题的要害；论辩，他思维敏捷，逻辑严密，说理透彻，辞藻华丽，气势如虹。

苏秦凭着三寸不烂之舌，游说赵、燕、韩、魏、齐、楚六国合纵御秦，自己也得以佩六国相印，统领六国，成为“一怒而天下惧，安居则天下熄”的极具影响力的人物。

李斯：一封信改变了秦始皇的重大国策

李斯是中国战国时代秦国的丞相，他凭借超凡的语言智能，辅助秦始皇完成了统一六国的大业。秦始皇统一天下后，任他为丞相，世人尊称他为“千古一相”。

鲁迅在《汉文学史纲要》中对李斯的文章高度评价说："秦之文章，李斯一人。"

秦王政十年，秦国的贵族们为了维护自己的利益，因此他们认为：诸侯各国来秦国做官的人，都是别有用心的人。于是，他们向秦王政提议：下令驱逐一切客卿，秦王政采纳了这一提议。

李斯作为在秦国做官的楚国人，也在被逐之列。临行前，李斯给秦王政留下了一封信。这封信就是著名的《谏逐客书》。

在信中，李斯引用大量的历史事例，阐述了秦国接纳客卿，可以跨海内，制诸侯，成就帝业；逐客，则会资敌国，损民益仇，内自虚而外树怨于诸侯，求国无危不可得的道理。

这封信，语言委婉，分析全面，句句切中秦国的要害。这封信，语句对仗工整，读来节奏明快，朗朗上口。这封信，文思泉涌，才气逼人。秦王政看完信，接纳了李斯的意见，取消了逐客令，并派人追回李斯，委以重任。

一纸建言，居然改变了秦王政一项事关国家安危的重大决策，足见李斯语言智慧的巨大威力。

李煜：一首词作流传千古

李煜是中国五代时的南唐国主，其超凡的语言智能可以从他的《虞美人·春花秋月》中看出。

《虞美人·春花秋月》是李煜被俘亡国后写的一首感怀故国的词作："春花秋月何时了？往事知多少！小楼昨夜又东风，故国不堪回首月明中。雕栏玉砌应犹在，只是朱颜改。问君能有几多愁？恰似一江春水向东流。"

面对春花秋月，李煜不禁想起往日许多欢乐的生活。虽然宫殿犹在，人事已非。昔日的南唐国主，如今沦为了阶下囚。

这首词，以形象的比喻，悲痛的情怀，写尽了亡国之君深深的苦痛与无尽的哀愁。"问君能有几多愁？恰似一江春水向东流"也成为千古名句，世代流传。

2. 数理逻辑智能

古希腊哲学家毕达哥拉斯说："万物皆数。"中国古代哲学家老子说："道生一，一生二，二生三，三生万物。"数是构成现实世界的本原，天下万物都可以用数来解释。数学是自然科学的基础。没有微积分，就不会出现牛顿力学，而牛顿力学是现代物理的基础；没有爱因斯坦的相对论，就不会出现核能、原子能，而爱因斯坦的相对论是和现代的微分几何分不开的，微分几何里黎曼几何是相对论的理论基础。法国数学家彭加莱说："科学是堆砖头，数学家将之变成华厦。"

世界是物质的，物质是运动的，运动是有规律的，规律是可以认识的。要认识物质运动的规律，就要用科学观察和实验的方法。

所谓数理逻辑智能，是指擅长进行复杂的数学运算、逻辑推理与科学观察和实验分析的能力。如果说语言是思维的形式，那么逻辑就是思维的工具。具有超常数理逻辑智能的人，爱好研究探讨现实世界空间形式和数量关系，研究物质运动最一般的规律和物质的基本结构。具有数理逻辑智能的人，可以发展成为科学家、数学家、物理学家、统计学家、风险投资人、计算机程序设计师、会计师、工程师等等。

大科学家牛顿、爱因斯坦，诺贝尔物理学奖获得者杨振宁，中国导弹之父钱学森，世界著名数学家陈景润、林家翘、丘成桐，微软创始人比尔·盖茨，股神巴菲特等，都是具有杰出数理逻辑智能的代表人物。

用数学方法阐明宇宙最基本的法则

牛顿是人类历史上最伟大的科学家、最有影响力的物理学家和数学家之一，是一个具有卓越数理逻辑智能的天才人物。

牛顿在《自然哲学的数学原理》这部不朽著作中，用数学方法阐明了宇宙最基本的法则——万有引力定律和三大运动定律。这四条定律构成了一个统一的体系，被认为是"人类智慧史上最伟大的一个成就"。这四条定律奠定了之后三个世纪物理界的科学观点，成为现代工程学的基础。牛顿还发明了微积分，并用微积分、力学和万有引力定律，求得了行星运行的规律。

天才型物理学家

杨振宁以卓越的数理逻辑智能，成为了一位极富科学感觉和数学才能的天才型物理学家。杨振宁的思维，长期游弋在物理学与数学的交叉领域。通过数学思维，他往往可以了解到新的物理学，甚至在还没有获得实验证据之前，就能洞察物理世界是如何运转的。

杨振宁认为："数学与物理犹如两片树叶，一片向这边，一片向那边。两片叶子大多不重叠，只是末端有一小块重叠，只占每个领域的5%、10%。重叠处比较奇怪，它是这两个领域的共同观点，所以，数学和物理在根源上的关系十分密切。"

杨振宁认为，尽管这两个学科在最基本的概念层面，共享某些观点，然而，在各自的领域，它们并不因此有更多的共性。它们有各自的目的，有截然不同的价值观，有不同的传统，它们按照各自的脉络成长，一个向这边，另一个向那边。

在物理研究领域，杨振宁获得了丰厚的研究成果。比如，他与李政道合作提出"宇称不守恒"理论，共同获得1957年的诺贝尔物理学奖；其"杨–米尔斯规范场"理论，是继麦克斯韦的电磁场理论、爱因斯坦的引力场理论、狄拉克的量子理论之后的最为重要的物理理论，此理论，在近四十年内，彻底改变了物理同现代几何的发展；其"杨–巴克斯特方程"，不但为物理学开拓了新途径，而且在数学领域也起到很大的推动作用。

世界应用数学之父

林家翘是美国国家科学院和美国国家文理学院院士，他以非凡的数理逻辑智能，成为当代世界著名的数学家、应用数学学派的领路人，被誉为"应用数学之父"。

据说，林家翘从20世纪40年代开始，就用渐近方法求解了Orr-Sommerfeld方程，发展了平行流动稳定性理论，确认了流动失稳是引发湍流的机理。他还和冯·卡门一起，提出了各向同性湍流的湍谱理论，发展了冯·卡门的相似性理论，成为早期湍流统计理论的主要学派。

从 20 世纪 60 年代起，林家翘进入天体物理的研究领域，创立了星系螺旋结构的密度波理论，成功地解释了盘状星系螺旋结构的主要特征，确认所观察到的旋臂是波，而不是物质臂，克服了困扰天文界数十年的“缠卷疑难”。进而，他发展了星系旋臂长期维持的动力学理论。

在应用数学领域，林家翘发展了解析特征线法和 WKBJ 方法。在数学理论方面，林家翘证明了一类微分方程中的存在定理，用来彻底解决海森伯格论文中所引起的长期争议。

25 岁成为斯坦福大学教授的数学家

丘成桐是哈佛大学终身教授、美国科学院院士、世界著名数学家。

丘成桐早在上初中的时候，就显露出了非同一般的数理逻辑智能。到了高中，他开始阅读华罗庚等数学家的专著。1966 年，丘成桐考入香港中文大学数学系，很快在数学上崭露头角。1968 年，在全英联邦大学数学竞赛中获得第一名，并提前一年修完了本科全部课程，被美国加州大学伯克利分校破格录取为研究生，成为国际数学大师陈省身的学生。

伯克利分校是世界微分几何的中心。丘成桐来到伯克利分校，如饥似渴地沉迷于拓扑学、几何、微分方程、数论、组合学、概率及动力系统等学科。很快，他在数学领域脱颖而出。1971 年，丘成桐博士毕业，同时收到哈佛、普林斯顿等世界著名大学的聘约。他选择普林斯顿大学攻读博士后。

普林斯顿大学每年都会接待来自世界各国的第一流学者。这一正确的选择，让丘成桐认识了一大批世界一流的数学家，提升了他对拓扑，尤其是对空间对称理论的鉴赏力。

1973 年，25 岁的丘成桐应聘成为斯坦福大学教授。27 岁他因证明世界数学难题——卡拉比猜想而引起轰动。1982 年，他获得数学领域最高荣誉——菲尔兹奖，他是第一位获此殊荣的华裔科学家。

中国现代物理学研究的开创者

严济慈是中国著名的物理学家，是中国现代物理学研究的开创人之一。卓越的数理逻辑智能，让严济慈在压电晶体学、光谱学、大气物理学和应用光学等方面，都获得了重要成果。

他精确测定了居里压电效应“反现象”，发现了光双折射效应；他系统研究了水晶圆柱体施加扭力起电现象，发现了水晶扭电定律；他深入研究了碱金属蒸气等光谱，发现轴向对称的分子有效截面数值和“费米–莱因斯伯格方程”不符，并为原子物理学中的斯塔克效应等提供了丰富的实验证明；在大气物理学的臭氧层测试研究中，他精确测定了臭氧紫外吸收系数，被世界各国气象学家使用达 30 年之久；他研究了压力对照相乳胶感光性能的影响，发现压力能减弱乳胶感光性能等。

世界顶尖级投资家

股神巴菲特是世界顶尖级投资家。童年时代的巴菲特就钟情于数字与股票，表现出非凡的数理逻辑智能。每天下午，他经常俯瞰着繁忙的路口，记录下来来往往车辆的牌照号码；晚上，他就展开《奥马哈世界先驱报》，计算着上面每个字母出现的次数。11 岁，他与姐姐合资买下了平生第一支股票；14 岁，他用送报纸赚来的 1200 美元，买下 40 英亩土地，租给佃农收取利润。

1965 年，35 岁的巴菲特收购了濒临破产的伯克希尔·哈撒韦公司，他不仅让该公司很快起死回生，而且把该公司打造成为一个千亿规模的投资帝国。自 1965 年至 2003 年，该公司保持平均 22.2%的年收益增长。也就是说，如果有人在 1965 年在该公司投资了 1 万美元，现在他已经有了 2595 万美元的价值。同一阶段，如果投资的是美国股市标准普尔 500 指数，却只能获得 47 万美元。多年来，在美国《福布斯》杂志一年一度的全球富豪榜上，巴菲特一直稳居前三名。

3. 空间智能

所谓空间智能，是指准确地感知和辨认视觉空间中的物体特征，并把感觉到的物体以图画的形式准确地表现出来的能力。具有空间智能的人，对物体的形状、大小、远近、深度、方位等十分敏感，能够区别出它们的细微差别。具有空间智能的人可以发展成为画家、雕塑家、航海家、飞行员、工程师、建筑师、摄影师、室内设计师、水手等。

中国著名画家张大千、意大利航海家哥伦布、世界著名建筑设计师圣地亚哥·卡拉特拉瓦等，都是具有空间智能的杰出代表人物。

中国绘画史上的里程碑

张大千是一位世界级的艺术大师。卓越的空间智能让他在绘画领域有精深的造诣。其山水、人物、花卉无不精妙；其工笔、写意、水墨、重彩形神兼得，富有笔情墨趣。

张大千创作的巨幅山水画——《苍莽幽翠图》，是一首歌颂祖国山河的长诗，是一部气势磅礴地咏叹祖国山河的交响曲。整幅画卷，高 148 厘米，宽 356 厘米。画面上，苍莽群山千峰竞翠，一条大江逶迤绵延。在江河两岸，百姓安居乐业。

《苍莽幽翠图》线描坚实挺秀，色彩富丽多变，气势宏阔雄伟，工笔与写意并用，青绿与泼墨兼施，画面展现着清新而典雅的艺术风格，让我们领略到空间智能那撼人心魄的力量。

开辟新的航路，改变了世界的历史进程

哥伦布是意大利航海家。他杰出的空间智能，让他具有常人难以想象的惊人胆魄。哥伦布一生从事航海活动，先后 4 次出海远航，开辟了横渡大西洋到美洲的航路。他先后到达巴哈马群岛、古巴、海地、多米尼加、特立尼达等地。

在帕里亚湾南岸，他登上美洲大陆，考察了中美洲洪都拉斯到达连湾 2000 多千米的海岸线；认识了巴拿马地峡；发现了大西洋低纬度吹东风、较高纬度吹西风的风向变化；证明了大地球形说的正确性；促进了旧大陆与新大陆的联系。

哥伦布的远航是大航海时代的开端，新航路的开辟改变了世界历史

的进程。它使海外贸易的路线，由地中海转移到大西洋沿岸。从那以后，西方走出了中世纪的黑暗，开始以不可阻挡之势崛起于世界，并在之后的几个世纪成就了海上霸业，让一种全新的工业文明成为世界经济发展的主流。

以动态美的建筑设计闻名世界

卡拉特拉瓦是世界著名的建筑设计师。他以超常的空间智能，在世界建筑领域，不断创造出动感的、美丽的建筑，让建筑超越地心引力和结构法则的束缚，让建筑超出地球人的想象，让我们看到空间智能在建筑领域里所展现出来的无穷艺术魅力。

2001年建成的密尔沃基艺术博物馆，是卡拉特拉瓦在美国的第一个作品。对他而言，密歇根湖大尺度的风景引导着他对这个项目的考虑。湖面强烈的水平线条、辽阔的天空、随着云端不断变化的光影，还有暴风雨的强大力量，都给他留下了深刻的印象。他试着用展开的翅膀和建筑本身的光影对比，创造出一个透明的建筑物。

完成后的建筑，整个外形看起来，既像一艘轮船，又像一只巨大的海鸥。桅杆和海鸥翅膀般的屋面，构成了一个极具吸引力的动态形象。而这一结构体系是由两根平行的、倾斜47度的桅杆，通过拉力来支撑。一根桅杆位于屋面的中轴线上，另一根位于通向博物馆入口的桥上。这些元素共同创造了富有诗意的结构体系和动感美的整体效果。

卡拉特拉瓦设计的世界贸易中心中转站，酷似一只展翅欲飞的鸟，其设计灵感来自于一幅绘有儿童放飞鸟类的画作。这建筑孕育着新的生命、新的飞翔和新的希望。

卡拉特拉瓦设计的雅典奥运主场馆，拱梁和屋顶结构的形态，显示着欧洲式的优雅。两只钢穹顶横跨球场上方，半透明玻璃悬于座位区之上，既可以让阳光进入，又能阻隔热气。这一设计，既寄托着主办国的奥林匹克梦想，又激发着参赛者的奥林匹克精神。

空间智能在艺术创作中也有着非凡的表现力。

在伦敦拍卖以天价成交的青花瓷罐

据报道："2005 年 7 月 12 日，中国元代的一个青花瓷罐，在世界著名艺术品拍卖行——伦敦佳士得拍卖行，以 1568.8 万英镑的价格成交。根据伦敦当天的汇率折算，1568.8 万英镑，折合成人民币 2.67 亿元。"

非凡的价格反映了拍卖品的非凡品性。这件题为"鬼谷下山"的 14 世纪的瓷罐，高 27.5 厘米，直径 33 厘米，被行家誉为"绝顶稀有"。罐上绘图别具特色。罐上图画的历史背景是中国战国时期燕、齐两国交战，为齐国效命的孙子被敌方所擒，其师傅鬼谷子接到齐国使节的通知后前往营救。图画表现的是鬼谷子一行下山的情景。罐上图案栩栩如生，画工十分细腻，出自于画家而非工匠之手。

佳士得拍卖行亚洲部资深学术顾问介绍，此罐是由画艺极其精湛的画师用上等青料绘制。构图则取材于同时期的木刻版画。专家根据罐上所绘的波浪纹、牡丹纹与吉祥纹，这三道纹带推测，罐的制作时期，极可能在 1351 年左右。

这个元代青花瓷罐创下了历来亚洲艺术品拍卖的最高纪录，同时，也刷新了中国瓷器及工艺品拍卖的世界纪录。由此，让我们领略到中国古人空间智能那无与伦比的艺术价值。

4. 音乐智能

要知道什么是音乐智能，先让我们了解一下什么是音乐。音乐是通过有组织的乐音表达人的思想感情的一种艺术表现形式。音乐常以潜移默化的方式，引起人的联想、想象和共鸣，陶冶人的情操，净化人的心灵，开发人的潜能。长期聆听优美动听的音乐，可以开阔视野，丰富想象，发展个性素质，增强适应力、应变力、专注力，陶冶高尚的道德情操。

所谓音乐智能，是指敏锐地感知音调、音色、节奏、旋律，从事音乐创作、演奏、歌唱等给人带来美的享受的才能。音乐智能，包括对音乐的表达能力、创作能力和欣赏能力。

具有音乐智能的人，可以发展成为音乐家、作曲家、歌唱家、指挥家、钢琴家、音乐评论家、器乐制作师等。

伟大作曲家冼星海，国际著名钢琴家郎朗，中国歌唱家刘欢等，都是中国具有超常音乐智能的典型代表人物。

中国伟大的作曲家

冼星海以卓越的音乐智能成为中国伟大的作曲家。

1905年，冼星海出身于澳门一个贫苦渔民家庭，他从小酷爱音乐。1935年，冼星海从法国回到中国，创作抗战歌曲，投身抗日救亡的歌咏运动。他先后在上海、武汉、郑州等地举办抗战歌咏训练班、指挥训练班，并组织了10万人的抗日歌咏大游行。

在冼星海短促的一生中，他创作歌曲数百首，其代表作是《黄河大合唱》。1939年，冼星海创作的《黄河大合唱》，是一部反映中华民族解放运动的音乐史诗，是20世纪中国音乐的传世之作，也是中华民族的千古绝唱。世界各地，凡是有华人的地方，就一定可以听到《黄河大合唱》。

《黄河大合唱》是冼星海杰出的音乐天赋与诗人光未然卓越的语言智慧的完美结合。全曲由《序曲》《黄河船夫曲》《黄河颂》《黄河之水天上来》《黄水谣》《河边对口曲》《黄河怨》《保卫黄河》和《怒吼吧！黄河》等九个乐章组成。其旋律深沉、激昂、雄浑、悲壮。

一位诗人说："从歌声中可以听出一个民族的命运。"《黄河大合唱》以气壮山河的乐章，让我们感受到黄河山呼海啸般的汹涌怒涛，感受到中华民族前赴后继那势不可挡的抗战力量！

直至今日，每当听到这不朽的乐章，华夏儿女还会心潮澎湃、热血沸腾！直至今天，这曲动人的乐章仍激励着炎黄子孙为追求和平、幸福、自由的生活而奋斗！

欧洲歌剧史上四大巨子之一

莫扎特是奥地利著名的作曲家、维也纳古典乐派的代表人物。他以卓越的音乐智能创作了549部作品，其中包括22部歌剧、41部交响乐、42部协奏曲、一部安魂曲以及奏鸣曲、室内乐、宗教音乐和歌曲等。

莫扎特3岁就显露出非凡的音乐天赋；4岁就能够写钢琴协奏曲；6岁掌握了古钢琴弹奏技术，就能够在宫廷里演奏复杂的曲子；7岁他在法国巴黎成功举办了音乐会，出版了4首小提琴曲和钢琴奏鸣曲；8岁随父亲来到英国伦敦，在一年多的时间里，他出版了6首古钢琴曲和小提琴奏鸣曲、3部交响乐、一部包括43首小型作品的曲集。当离开英国时，他已经成为了一名作曲神童。

作为钢琴协奏曲的奠基人，莫扎特与格鲁克、瓦格纳和威尔第一起，被称为欧洲歌剧史上四大巨子。他与海顿、贝多芬一起，为欧洲交响乐写下了光辉的一页。他的《安魂曲》成为宗教音乐中的一部杰作。作为古典主义音乐的典范，他对欧洲音乐的发展做出了巨大贡献。

世界著名的钢琴家

在国际上，有一位著名的青年音乐家，他对音乐有一种与生俱来的敏感，对旋律和节奏有着极强的领悟力，对乐曲有一种极大的热情和极强的表现欲望。在他很小的时候，就以超凡的音乐鉴赏力和才华横溢的表演赢得了全世界观众的喝采。

这位音乐神童的音乐天赋，早在他2岁时就被他的父亲发现。1983年，2岁的他在看美国卡通片《猫和老鼠》时，一下子被汤姆猫在钢琴上疯狂的演奏所深深吸引，从此他爱上了钢琴。有一天，电视里播放电视连续剧《西游记》，听到《敢问路在何方》的优美歌声，他不知不觉在钢琴上弹奏起来。父亲突然发现，儿子没有学过音乐，歌曲也只听了一遍，竟然能够把这首歌的大部分旋律弹奏出来，儿子竟然是一个无师自通的音乐小神童啊！

从他3岁开始，父亲就带着他开始了钢琴的拜师求学之路。他爱琴，一坐到钢琴前，他就专心致志、激情奔放，有一种极强的表现欲望。2008年，他作为北京奥运会开幕式上唯一亮相的新生代艺术家，在北京中国国家体育场场地中央，向全球45亿观众演奏了一曲《星光》。他演奏的不仅仅是一曲《星光》，而是中国人圆了百年奥运梦的感想。

后来，他出任联合国和平使者。联合国和平使者都是从全球艺术、文学、音乐和体育领域挑选出来的杰出人士，由联合国秘书长任命，获此殊荣是全球公民的最高荣誉，而他则是获此殊荣的第一位中国人。

中国家喻户晓的歌唱家

中国有一位家喻户晓的歌唱家。2008年在北京奥运会开幕式上，他和英国女高音歌唱家莎拉·布莱曼手拉着手，徐徐现身于“鸟巢”的一个巨型球体的顶端，用中英文对唱的形式，联袂献上了北京奥运会主题曲《我和你》：

我和你，心连心，同住地球村。

为梦想，千里行，相会在北京。

来吧！朋友，伸出你的手。

我和你，心连心，永远一家人。

一曲舒缓而温情的《我和你》，如同天籁之音从遥远的太空徐徐飘来，让亿万观众如沐月光，如拂春风，如尝甘露，让亿万观众真切地感受到“地球村”的温馨、和谐与美丽；感受到同住“地球村”的人心手相连；更感受到两位歌唱家音乐智能那动人心魄的艺术魅力。

5. 身体动觉智能

所谓身体动觉智能，是指运用整个身体或者身体的某个部位，如手、嘴等肢体动作、触觉等，解决问题，制造产品，创造事物，表达思想、情感的能力。具有身体动觉智能的人，有着特殊的身体技巧，如平衡、协调、敏捷、力量、弹性、柔性、速度以及灵敏的触觉等。具有身体动觉智能的人，可以发展成为体育运动员、舞蹈家、戏剧表演艺术家、时装模特、手工艺大师、机械师、外科医生、技术工人等。

篮球明星姚明、亚洲飞人刘翔、体操王子李宁、聋哑舞蹈艺术家邰丽华、杂技演员魏葆华、吴正丹夫妇等，都是具有身体动觉智能的典型代表人物。

用身体动觉智能传递中国文化

在中国篮球史上，有一位里程碑式的人物。作为篮球明星，他具有一般人无法企及的身体动觉智能。据可查数据，他身高 2.29 米，原地弹跳 55 厘米左右，助跑摸高 361 厘米左右，助跑弹跳约 69 厘米。

这位篮球明星先后入选中国篮球明星队、亚洲全明星队、CBA 全明星阵容，并连续 7 年选入美国 NBA 西部明星队。在中国篮协 CBA 的记录中，他单场最高得分 49 分，单场最高篮板 31 个，单场最高盖帽 13 个，单场比赛 21 投全中。

他是最伟大的篮球中锋之一，是全球球迷的偶像，是全球华人的骄傲，更是全美第四大都市——休斯敦的"城市英雄"和"品牌人物"。据推测，他在全世界的球迷有 15 亿以上。这位篮球明星对全球的震撼不只在篮球场上，他还用自己的身体语言向全世界证明了中国人的诸多优点：友好、善良、谦虚、礼貌，让更多的人了解到中国的优秀文化。因为喜爱他，很多美国人对汉语和中国文化也产生了浓厚的兴趣，甚至对中餐赞不绝口。从他身上，我们可以看到身体动觉智能所产生的巨大影响。

用速度夺得金牌

人称"亚洲飞人"的中国田径运动员，以速度夺得了不少金牌。据说，"亚洲飞人"身体运动智能天生超常。他一出生，体重就有 10 斤。他还没学会走路，躺在摇篮里，两条小腿就像小榔头一样拼命地蹬，穿在脚上的小鞋子，一会儿就被他蹬得不知去向。7 岁时，他被小学田径队选中，从此与体育结缘。小学四年级他入选少年体校，从此开始了职业运动生涯，不断为中国赢得荣誉。

2004 年，在雅典奥运会上，他以 12 秒 91 的成绩，平了由英国名将科林 · 杰克逊保持的世界纪录，获得金牌。这枚金牌是中国男选手在奥运会上夺得的第一枚田径金牌。获得这枚奥运会金牌的时候，他才 21 岁。

2006 年，在瑞士洛桑田径超级大奖赛上，他以 12 秒 88 的成绩，打破沉睡十三年之久的世界纪录。2007 年，他以 12 秒 95 的成绩，获得在日本大阪举办的第 11 届世界田径锦标赛冠军，成为世界唯一一个集奥运会冠军、世锦赛冠军和世界纪录保持者于一身的男子 110 米跨栏得主。

用身体技巧赢得成功

人称“体操王子”的中国体操运动员，其非凡的身体动觉智能在少年时代就显露出来。7岁时，他开始练习体操；17岁，他进入国家体操队。1981 年，他获得世界大学生运动会男子自由体操、鞍马、吊环 3 项冠军。1982 年，在第 6 届世界杯体操赛上，在 7 个男子项目比赛中，他一人独得自由体操、鞍马、吊环、跳高、单杠和个人全能 6 枚金牌，创下了世界体操史上的神话，被誉为“体操王子”。1984 年，在第 23 届洛杉矶奥运会中，他获得自由体操、鞍马和吊环 3 枚金牌，还有 2 枚银牌、1 枚铜牌，成为此届奥运会中获得奖牌最多的运动员。

在他的运动生涯中，他共获得国内外重大体操比赛金牌 106 枚。1999 年，他被世界体育记者协会评选为“20 世纪世界最佳运动员”。他的名字和拳王阿里、球王贝利、飞人乔丹等 25 位体坛巨星一道，登上了世纪体育之巅。

2008 年 8 月 8 日，第 29 届夏季奥林匹克运动会在北京中国国家体育场隆重开幕。在如同浩瀚银河的“鸟巢”中，“体操王子”手持主火炬腾空而起，踩着吉祥云朵，伴着皎洁明月，飞奔在空中跑道上。他用手中的火炬，照亮了巨型祥云画卷，点燃了奥运会主火炬塔下的灯芯。在奥运圣火熊熊燃烧的那一刻，“体操王子”飞天又成为奥运历史上一个永恒的瞬间。

用舞姿展现永恒的美丽

在中国，有一位聋哑舞蹈家，她有着出色的身体运动智能，她以身体作为语言，描绘着对舞蹈艺术的独特理解，为生命刻画出一个个精彩永恒的瞬间。她以婀娜多姿的舞姿，向世界展现出中华民族灿烂的文化，让人们感受到身体动觉智能无穷的魅力。

2005 年，在中央电视台春节联欢晚会上，她领舞《千手观音》。她和 20 个同伴一起，用缤纷的手势，婀娜的舞姿，美轮的造型，传神的眼睛，描绘着梦中的天堂，带给人们吉祥的祝福，让亿万观众受到心灵的洗礼。

在舞蹈《雀之灵》中，她仿佛是一只美丽而充满灵性的孔雀，轻灵曼舞，徜徉在寂静的山林中、绿茵的草坪上、潺潺的溪畔旁，她让人们不仅欣赏到孔雀那美丽的身姿，而且感受到孔雀那美好的心灵。

最惊险的天鹅舞

人称“东方天鹅”的杂技夫妇，以超常的身体运动智能，将中国传统杂技元素与世界经典艺术元素相互融合，对诞生于俄罗斯的芭蕾舞《天鹅湖》进行了充满时代感的全新改造，创作出《东方的天鹅——芭蕾对手顶》这一经典节目。

只见足尖轻轻一点，一只美丽的“东方天鹅”飞到王子的背上，在王子的双肩、头顶，跳起芭蕾舞……这种表演被杂技界称为最惊险的杂技，被舞蹈界称为难度最大的芭蕾。其艺术高度不亚于登山运动员攀上珠穆朗玛峰、电影人摘取奥斯卡金像奖。

2006年，这对夫妇和战友们一起，带着杂技芭蕾剧《天鹅湖》，来到纯芭蕾舞剧《天鹅湖》的故乡——俄罗斯。大幕拉开，剧情发展到王子与白天鹅相见。只见吴正丹扮演的天鹅跃上魏葆华扮演的王子的双臂上，纵情地在王子的肩上、头上跳起了芭蕾。一个高难度的“踹燕”造型，接着一个头顶上的360度旋转，观众席上轰然爆发出惊叹声和叫好声。一向把芭蕾视为国粹的俄罗斯人，看了上百年的《天鹅湖》，怎么也没想到，中国艺人竟然会这样演绎芭蕾。

最后一场演出结束时，俄罗斯文化基金会主席马哈耶夫走上舞台，为这对“天鹅夫妇”颁发以世界著名芭蕾舞演员命名的“乌兰诺娃奖”——金质奖章。当地媒体对这次演出好评如潮，相继有47家报刊、27家网站、6家电视台作了相关报道。日本一家权威媒体评价说：“这对‘天鹅夫妇’是世界杂技艺术的骄傲。”

6. 人际交往智能

所谓人际交往智能，是指对他人的思想、性格、情绪、情感、目的、动机、意向、愿望等，具有敏锐的感知力、洞察力与理解的能力。

中国古代思想家孟子说：“天时不如地利，地利不如人和。”在“天时”“地利”“人和”三者之中，“人和”是最为关键的因素，人心的向背是战争胜负的决定因素，也是成就事业的决定因素。

具有较强人际交往智能的人，擅长辞令，能言善辩，他们观察细致，感知灵敏，能够察颜观色，轻松地识别他人的人际风格，顺利地与人沟通，轻松地处理复杂的人际关系。

具有卓越人际交往智能的人，具有以不变应万变的个体品质，以万变应不变的适应能力，以万变应万变的灵活性与创造力，他们能够做到外圆内方，坦然应对突发事件，让自己立于不败之地。

具有人际交往智能的人，可以发展成为政治家、外交家、教育家、行政领导、企业管理者、经纪人、市场营销员、社会工作者等。

中国春秋时期的外交家晏子、新中国杰出的外交家周恩来、美国前国务卿基辛格，都是具有人际交往智能的典型代表人物。

中国古代最有智慧的外交官

晏子是中国春秋时期齐国的外交家，也是中国历史上具有超常人际交往智能的代表人物之一。

春秋战国时代，群雄争霸，齐国和楚国都是大国，而齐国的强大却离不开晏子。

有一次，晏子出使楚国，因为身材矮小，楚人在城门旁边特意开了一扇小门，让晏子从小门进城。面对刁难和侮辱，晏子神色镇定地说：“只有出使狗国的人才从狗洞进去，今天我出使的是楚国，应该不是从此门进入城内吧！”楚人无言以对，只好请晏子从大门进城。

晏子拜见楚王。楚王说：“齐国恐怕是没有人了吧，怎么让你出使楚国呢？”面对楚王的侮辱，晏子机智地回答道：“齐国首都临淄有 7000 多户人家，人挨着人，肩并着肩。展开衣袖，可以遮天蔽日；挥洒汗水，就像天下雨一样，怎么能说齐国没有人呢？”楚王反问道：“既然这样，为什么派你这样一个人来做使臣呢？”晏子聪明地回答说：“齐国派遣使臣，各有各的出使对象。比如，贤明的人，就派他出访贤明的国君；无能的人，就派他出访无能的国君。我是最无能的人，所以只好派我出使楚国了！”楚王无言应对。

晏子出使楚国，面对百般刁难和侮辱，他机智勇敢，沉着应对，巧言善辩，不卑不亢，既维持了国家的尊严、个人的人格，又获得了他国的尊重，圆满地完成了外交使命。

由此，我们可以了解到晏子超常的人际交往智慧。

新中国伟大的外交家

周恩来既是新中国的开国总理，又是新中国伟大的外交家，在国际舞台上享有崇高威望。周恩来卓越的人际交往智慧，可以从他外事活动的妙语答问中看出。

周恩来应邀访问苏联，同苏联党和国家最高领导人赫鲁晓夫会晤。周恩来批评赫鲁晓夫全面推行修正主义政策。狡猾的赫鲁晓夫不作正面回答，而是就当时敏感的阶级出身问题刺激周恩来说：“您批评得很好，但是您应该同意，出身于工人阶级的是我，而您却出身于资产阶级。”言外之意是指周恩来是站在资产阶级的立场上说话。周恩来平静地回答道：“是的，赫鲁晓夫同志，但至少我们两个人有一个共同点，那就是我们都背叛了我们各自的阶级。”周恩来机智的回答，将赫鲁晓夫射过来的箭，巧妙地掉转回头朝赫鲁晓夫本人射去。

有一次，一个美国记者采访周恩来，发现周恩来办公桌上有一支美国产的派克钢笔，那个记者以讥讽的口吻问道：“请问总理阁下，你们堂堂中国人为什么还要用我们美国生产的钢笔呢？”周总理风趣地回答说：“这是一位朝鲜朋友抗美的战利品，他作为礼物赠送给我，我觉得很有意义，就留下了这支贵国的钢笔作个纪念。”美国记者无言以对。

美国杰出的外交家

基辛格是美国前国务卿，他是美国杰出的外交家。在三十多年的时间里，他心系中美关系发展，不停地奔波于中美之间。他经历了四代中国领导人、八任美国总统，为中美两国友好关系的开启做出了卓越的贡献。从他与中国主要领导人的接触所表现出来的敏锐的洞察力，就可以了解到他所具有的卓越的人际交往智慧。

1971 年，基辛格秘密访华，为中美关系开启了一扇窗。在他与周恩来总理第一次握手时，周总理感慨地说：“这是中美两国高级官员二十年来的第一次握手！”基辛格幽默地回答道：“遗憾的是，这还是一次不能马上公开的握手。要不然，全世界都会为之震惊！”这次秘密访华，为尼克松总统和毛泽东主席的成功会谈奠定了基础。

1979 年，在基辛格的大力推动下，中美两国共同发表了中美建交联合公报，正式打开了中美关系大门。太平洋东西岸的两个大国，从此建立了正式的外交关系。

基辛格说，他见过毛泽东五次，毛泽东在外交事务上很有见解。每当见到毛泽东时，他总是感觉到毛泽东极富智慧，以很强的活力控制谈话。在毛泽东身上，他感觉到一种几乎可以压倒一切的魄力，让人体会到力量、权力和意志的共鸣。他从来没有遇见过一个人能够像毛泽东一样，具有如此高度集中的不加掩饰的意志力。

基辛格说，周恩来智慧超群、学识渊博、道德高尚，是杰出的政治家。在他见过的外国领导人中，周恩来是百里挑一的人物。当他与周恩来在一起会谈时，在某种意义上讲，就像是两位大学教授在探讨国际形势，互相启发，谈笑风生。周恩来了解国际形势的深刻程度，令人惊叹。周恩来在国际事务中，不仅能力非凡，从容不迫，而且对客人十分尊重，处处体现出谦虚礼貌。尽管他们之间的级别不同，但周恩来从不拘以礼仪，而是坚持会谈在他住的宾馆和人民大会堂轮流举行。这样，周恩来来拜访他，或者和他去拜访周恩来的机会，就会一样多。而在当时，他只是美国总统国家安全事务助理，而不是国务卿。

基辛格说，邓小平是 20 世纪最伟大的人物之一。他曾有幸在多个场合聆听邓小平向他解释有关中国的改革问题。他也有幸能够将邓小平在 1974 年和 1979 年对他说的话，同后来实际发生的情况作对比。很少有政治家能够做到像邓小平那样，所预期的目标都能够实现。

卓越的人际交往智能，让基辛格如此深入地了解中国伟人们的性格特点与过人之处，这或许就是他在中美建交中取得重大成功的因素之一吧。

站在他人的立场上考虑问题的推销员

美国费城的煤厂，有一位推销员，名叫克纳夫。十多年来，他一直想把工厂里的煤卖给一家联营百货公司，可是那家公司无论如何也不买他的煤。于是，他尝试着站在对方的立场来考虑问题，在一次题为“连锁性百货公司的业务发展，对国家害多益少”的辩论会上，克纳夫要求参加反方一组替那家公司辩护。

为了收集更多有力的证据，他直接去拜访那家联营百货公司的总经理。他对总经理说：“我来拜见您，不是要求您买我的煤，而是有件事想请您帮忙。请您给我 1 分钟的谈话时间。”他讲明来意后说：“我很想在辩论会中获胜，希望您能够帮助我提供有关资料。”

结果谈话进行了 1 小时 47 分钟。总经理不仅帮他找来了不少相关的辩论资料，而且两眼闪耀出热忱的光芒。总经理觉得自己公司的宗旨就是服务社会，并且对自己的工作感到十分满意和自豪。

当克纳夫离开的时候，总经理亲自送他到门口，一手搭在他的肩膀上说：“预祝你辩论获胜！”并且说：“到春末的时候，你再来看我，我愿意订购你们工厂的煤！”

克纳夫没有提到煤，可那位总经理却主动要买他的煤。

在这两个小时内，克纳夫所得到的进展比过去十年中所得到的还要多。究其原因，就是克纳夫过去只关心自己和自己的煤，而现在他是站在他人的立场上思考问题，关心的是他人的切身利益。

现代人际关系教育的奠基人

戴尔·卡耐基是美国著名的人际关系学大师。卓越的人际交往智能让他成为西方现代人际关系教育的奠基人。

戴尔·卡耐基认为，人类天性至深的本质就是渴求为人所重视。这是一种痛苦的而且亟待解决的人类饥饿。这种自重感的欲望，激发了狄更斯写出不朽的名著；这种自重感的欲望，使得洛克菲勒积存下他一辈子都花不完的钱；这种自重感的欲望，让华盛顿希望有人称他是至高无上的美国总统；这种自重感的欲望，让哥伦布向皇家请求获得“海洋大将”的名衔；这种自重感的欲望，让女皇凯瑟琳拒绝拆阅没有称她为“女皇陛下”的信件；这种自重感的欲望，让人们爱穿戴最新颖的服饰，驾驶最漂亮的轿车，住进最豪华的房子……而具有人际交往智能的人，则能够以诚挚的心态满足人们内心的这种饥饿，将这些人掌握在自己的手掌中。

培养人际交往智能，我们要学习他人人际交往沟通的技能与技巧，提升自我在人际交往中的智慧和舒适度。同时，还要学会关心他人、站在他人的立场上考虑问题。

7. 自然观察智能

所谓自然观察智能，是指擅长观察自然界的事物及其形态、性质、特征以及起源等，并据此进行科学研究或从事生产的能力。具有自然观察智能的人，可以发展成为植物学家、动物学家、生态学家、庭园设计师、新型农民等。英国博物学家达尔文、世界杂交水稻之父袁隆平、动物学家珍妮·古多尔等，都是具有自然观察智能的杰出代表人物。

在观察中创立进化论学说

英国博物学家达尔文，充分发挥自己的强项智能——自然观察智能的作用，在环球考察中积累了大量的第一手资料，经过长期的研究，提出了“物竞天择，适者生存”的生物进化论思想。

博物学是研究地球及生活在地球上的生物的科学。达尔文从小就热爱大自然，尤其喜欢采集动植物标本。1831 年，达尔文从剑桥大学毕业，放弃了待遇优厚的牧师职业，选择自然科学作为自己毕生的事业。1835 年，他乘“贝格尔号”军舰出海，环球考察五年。在加拉帕戈斯群岛，他竭尽所能观察收集兽类、鸟类、鱼类、贝类、昆虫以及植物的标本，带回英国研究物种的起源。经过长达二十多年的研究，1859年11月，他的《物种起源》一书问世。在这本论著中，他提出“物竞天择，适者生存”的生物进化论思想，创立了举世闻名的进化论学说，为现代生物学奠定了基础。

在观察中解决人类的吃饭问题

袁隆平是中国著名的农学家、中国工程院院士、中国杂交水稻研究领域的开创者和带头人。他被誉为世界“杂交水稻之父”和“当代神农”。袁隆平从一个山村中等农校的青年教师成长为举世瞩目的农业科学家，并登上世界“杂交水稻之父”的宝座，他的成功得力于他杰出的自然观察智能。

杂交水稻是世界难题。因为水稻是雌雄同花的作物，自花授粉，很难一朵一朵地去掉雄花搞杂交。这样就需要培育出一个雄花不育的稻株，即雄性不育系，然后才能与其他品种杂交。袁隆平知难而进。他认为，雄性不育系的原始亲本是一株自然突变的雄性不育株，也能天然存在。中国有众多的野生稻和栽培稻品种，蕴藏着丰富的种子资源，是水稻生长的自由王国，外国专家没有搞成功的事，中国人不一定不能成功。

袁隆平迈开了双腿，走进了水稻的莽莽绿海，去观察、去寻找这从未见过而且中外资料也没有报道过的雄性不育株水稻。

袁隆平头顶烈日，脚踩烂泥，驼背弯腰、一穗一穗地观察着、寻找着。功夫不负有心人，袁隆平终于发现了一株雄花花药不开裂、性状奇特的植株。从1964年6月到1965年7月，袁隆平又找到6株雄性不育的植株。植株成熟时，他分别采收了自然授粉的第一代雄性不育种子。经过试验和科学数据的分析整理，袁隆平发表了《水稻的雄性不孕性》论文。袁隆平预言，通过进一步选育，可以从中获得雄性不育系、保持系和恢复系，实现三系配套，使利用杂交水稻第一代优势成为可能，并将会给农业生产带来大面积、大幅度增产。这篇论文的发表，吹响了中国第二次绿色革命进军号。

1970 年，袁隆平带领学生来到海南岛，调查野生稻分布情况，并进行研究试验。他们在野生稻群中，一株一株地仔细观察，找到了一片正值开花之际的普通野生稻，并发现了 3 个雄花异常的野生稻穗。他们惊喜交加地走近野生稻雄花异常稻株，通过进一步观察发现，这 3 个稻穗生长在同一个稻蔸上。由此，他们初步推断，这是由一粒种子生长起来的不同分蘖。他们小心翼翼地将它连根拔起，搬回试验基地，作进一步研究，并命名“野败”。

通过用“广场矮”“京引 66”等品种进行测交，发现其对“野败”不育株有保持能力，为培育水稻不育系和随后的“三系”配套打开了突破口，给杂交稻研究带来了新的转机。

历经八年的观察研究，袁隆平闯过了五关，即雄性不育率关、三系配套关、育性稳定关、杂交优势关、繁殖制种关。

1974 年，袁隆平配种成功，并组织了优势鉴定。

1975 年冬，中国投入了大量的人力、物力、财力，一年三代地进行繁殖制种，以最快的速度进行推广。

到 1988 年，中国种植杂交水稻的面积累计达 12.56 亿亩，累计增产稻谷 1000 亿千克以上，增加总产值 280 亿元，取得了巨大的经济效益和社会效益，解决了中国老百姓的吃饭问题。

20 世纪 80 年代初期，面对世界性饥荒，袁隆平再一次大胆地提出了杂交水稻超高产育种的研究课题，以解决更大范围内的饥饿问题。

随着杂交水稻在世界各国的试验试种，杂交稻引起了世界范围的关注。袁隆平先后应邀到菲律宾、美国、日本、法国、英国、意大利、埃及、澳大利亚等国家讲学，传授技术。国际水稻研究所所长、印度前农业部长斯瓦米纳森博士高度评价袁隆平说：“我们把袁隆平先生称为‘杂交水稻之父’，因为他的成就不仅是中国的骄傲，也是世界的骄傲，他的成就给人类带来了福音。”

在观察中揭开野生黑猩猩的奥秘

英国动物学家珍妮 · 古多尔超常的自然观察智能，表现在从孩提时代起，她就对动物产生了浓厚的兴趣。幼年的时候，她钻进鸡窝，一待就是几个小时，为的是看母鸡究竟如何下蛋。7 岁那年，她的妈妈给了她一本书，书中提到非洲的动物。那时，她心里就萌生了一个愿望，一定要到遥远的非洲，与那里的动物亲密接触。中学毕业后，她只身进入非洲丛林，与野生黑猩猩为伍。

野生黑猩猩生活在非洲的密林里，那里猛兽出没，人迹罕至。因此，长期以来，人们对野生黑猩猩的行为了解很少。虽然有不少探险家和研究人员前往非洲，试图揭开黑猩猩生活的秘密，但由于黑猩猩习性凶猛，不易接近，他们始终不能对黑猩猩进行近距离的细致观察。

珍妮·古多尔只身进入非洲丛林，不仅与黑猩猩成为了好朋友，而且经过长达十几年近距离的细致观察，收集到许多关于黑猩猩的珍贵资料。她发现，黑猩猩种族有它们自己的亲缘关系、管理体制、等级观念和心理情绪。她还观察到，黑猩猩十分聪明，它们知道折下野藤的枝条，捋掉叶子，用嘴沾湿后当工具伸进白蚁洞，钓白蚁吃。它们还会将树叶嚼碎后，做成“海绵”，吮吸树洞里的水分……

可以说，在动物研究史上，珍妮·古多尔是第一个揭开野生黑猩猩行为奥秘的人。她的发现轰动了整个世界，她自己也成为世界上最伟大的科学家之一。

8. 自我认知智能

什么是自我认知智能？要了解这一概念的含义，先让我们了解一下什么是认知，什么是认知科学。

什么是认知？不同领域的专家对认知一词有不同的解释。有专家认为，认知是认识与了解的心理活动；有专家认为，认知是脑和神经系统产生心智的过程；有专家认为，认知是信息处理的过程；有专家认为，认知是从知觉到推理的一切过程，它涉及学习、记忆、思维、理解以及人在认知过程中发生的一切行为，包括对知识的获得、贮存、转化和应用。

什么是认知科学呢？认知科学是一门以人的认知过程为研究对象的

综合性学科，它是信息论、心理学、语言学、计算机科学、脑科学、人类学和哲学等学科相结合的产物。认知科学研究的主要内容是人的精神、知觉、记忆、思维的过程，研究的是认知各构成要素之间的相互联系、作用与功能。研究的是人通过语义网络进行联想和推论的机制，研究的是人的动机、情绪等因素在认知过程中的作用等。

专家们普遍认为，计算机科学和人工智能的发展，推动了认知科学的诞生和发展；心理语言学的发展，为认知过程的分析提供了模型；脑科学的发展、脑成像技术的进步，为揭开人的心智秘密准备了条件。

认知科学是一门年轻的科学，也是 21 世纪最重要的科学之一。据说，美国国家科学基金会和美国商务部为了弄清楚21世纪有哪些学科是带头学科，他们共同资助五十多名科学家对这一课题进行研究。研究结论认为，21 世纪带头学科是纳米技术、生物技术、信息技术和认知科学。在这四个带头学科中，认知科学最为重要。因为人类一旦能够以“如何、为何、何处、何时”这四个层次上理解思维，就可以用纳米科技来制造它，用生物技术和生物医学来实现它，用信息技术来操纵和控制它。认知科学与纳米技术、生物技术和信息技术结合在一起，再加上社会科学的发展，将会从根本上改变人类的生存方式。

什么是自我认知智能？自我认知智能作为多元智能相对独立的智能之一，要从两个层面来认识和理解。一个是外延式自我认知智能，一个是内涵式自我认知智能。

所谓外延式自我认知智能，指的是对人类自身认识规律的认知与了解的能力；所谓内涵式自我认知智能，指的是个体对自我内部心理的理解与调控能力。

具有外延式自我认知智能的人，擅长认知人类自身的认知规律，能够深入地研究认知科学及其分支领域（如信息论、心理学、语言学、计算机科学、脑科学、人类学、哲学等）以及它们之间的交叉联系，擅长认知人的“心智”与“脑智”，即心智以及它们在人脑中的结构和功能，用以破解人类心智的奥秘。

具有超常外延式自我认知智能的人，具备一定的思想方法、哲学素养、认知智慧与洞察能力。他们精神独立，思想深刻，创造力充沛，具有强烈的社会责任感，能够悟非常之道，开风气之先。能够以先进的学术思想发掘人的创造潜能，让人从纷繁的现象中理清思路，找出规律，走出疑惑，辨明方向。

具有外延式自我认知智能的人，可以发展成为哲学家、教育家、心理学家等。美国发展心理学家霍华德·加德纳、认知行为治疗创始人贝克、正念减压疗法创始人乔·卡巴金等，都是具有外延式自我认知智能的代表人物。

内涵式自我认知智能是一种深入自己内心世界，了解自我情感生活，识别自己的情绪变化，体验自我灵魂活动，并据此做出适当行为的能力。内涵式自我认知智能包括对自己内部心理的理解、接纳、欣赏、尊重、包容、关爱与调控等能力的建立。其中自控力是强者特有的品质。

具有较强内涵式自我认知智能的人，能够清楚地认知自我智能的结构特点，知道自己智能的强项与弱项，能够做到扬长避短，确立正确的人生发展方向；能够自觉地培养成功的素质，选择合适的行为方式，正确地处理自己与周围的人事关系；善于用成功者的生平事迹和道德财富作为测量自己的尺度，不断提升自我、超越自我。

具有较强内涵式自我认知智能的人，能够冷静地观察、深入地思考、理性地分析、正确地评判真与假、美与丑、善与恶、荣与辱，以调整自我，完善自我，发展自我，做到自知、自省、自律、自尊、自强、自立。

中国伟大的教育家

孔子是中国春秋末期著名的思想家、教育家，儒家学派的创始人，也是中国历史上具有卓越的外延式自我认知智能的代表人物之一。孔子修《诗》《书》，定《礼》《乐》，撰写《春秋》，为《周易》作序，整理文化典籍，对中华古文化的保存和传承，做出了重大贡献。孔子创办私学，广收门徒。相传他弟子三千，贤者七十二。他“有教无类”的教育思想，“因材施教”的教育方法，他提倡学思并重，认为“学而不思则罔，思而不学则殆”，指出“知之者不如好之者，好之者不如乐之者”，要求学习要有自觉性与主动性，他主张“知之为知之，不知为不知”，强调学习要具有“不耻下问”的学习态度等，这些都对后世产生了极其深远的影响。

认知行为疗法的代表人物

艾伦·贝克是美国著名的精神病学家、临床心理学家、认知行为疗法的代表人物。他以非凡的外延式自我认知智能研究出认知行为疗法，用以治疗人的抑郁症和焦虑症。

贝克认为，认知是情感和行为的中介，认知产生了情绪及行为。人的行为、情感是由人对事物的认知所决定的。人的认知建立在自己以往经验的态度和假设基础之上，情感和行为问题与歪曲的认知有关。异常的认知常常导致异常的情绪和错误的行为。比如，如果一个人认为环境有危险，他便会感到紧张，并想逃避。

贝克指出，人的心理障碍的产生，是通过了认知加工，在歪曲或者错误思维的影响下所促成的。

贝克认为，歪曲和错误的思维主要表现为：主观臆测，在缺乏事实或根据时就推断、夸大或者过分夸大某一事情、事件和意义，倾向将与己无关的事联系到自己身上。其表现为走极端，认为凡事只有好和坏两个方面，不好即坏，不白即黑。这种错误的思想常以“自动思维”的形式出现，常常是在不知不觉中进行的，因而不易被认识到。

贝克认为，不同的心理障碍有不同内容的认知歪曲。比如，得抑郁症的人大多对自己、对现实、对将来持消极态度，抱有偏见，总认为自己是失败者，事事都不如意，将来也毫无希望。患焦虑症的人，大多是对现实中的威胁持有偏见，他们过分地夸大事情的后果，对问题只强调不利因素，而忽视了有利因素。

贝克的认知行为疗法，用于治疗矫正患者歪曲的思维，启发患者寻找到自己不良的认知，改变患者在认知中对现实的扭曲或者不符合逻辑的思考方式，协助患者克服自己认知的盲点、模糊的知觉、自我欺骗和不正确的判断，引导患者放弃原有的错误的认知，建立正确认知，并通过接纳、温暖、合理的态度。

正念减压疗法的创始人

乔·卡巴金是美国麻省理工学院分子生物学博士、“正念减压疗法”的创始人。出色的外延式自我认知智能让乔·卡巴金发现，大约12%的男性和20%的女性，都会在人生的某个阶段患上抑郁症。任何一个时间点上，都有5%的人正经历严重的抑郁。

乔·卡巴金认为，当一个人感到被周围所抛弃，当我们丧失了重要的东西，当我们被羞辱、被打击的时候，抑郁便悄然而至，成为潜伏在我们身上的杀手。

任何感受过抑郁的人，他们在悲伤的时候，所有刻意去治疗自身障碍的方法都行不通。如同失眠一样，我们越是强迫自己入睡，越是烦躁不安。那么，如何将自己从抑郁中拯救出来呢？卡巴金说：“最佳的治疗师就是你自己！”

卡巴金认为，佛教正念精神不仅对佛教徒，而且对所有人都有帮助。于是，他将佛教正念精神引入到美国主流社会，并于1979年为麻州大学医学院开设了减压诊所，设计了“正念减压”课程，协助病人以正念禅修的方式来处理压力、减轻疼痛和疾病。卡巴金鼓励患者，带着耐心、慈悲、坚持和开放的心态，进行冥想训练，努力去相信自己、相信自己的自愈能力。

二十多年来，卡巴金的“正念减压疗法”被西方医疗界所肯定，被医院、学校、企业、监狱等机构广泛运用于多种身心疾病的患者身上，成为西方身心医疗的方法之一。

二、多元智能的启示

从上述对多元智能的介绍中，我们可以了解到人类的智能是多元的，每一种智能在人类社会的发展中都有着极其重要的作用，是其他任何一种智能都无法替代的。

多元智能理论，开阔了我们成人、成才、成功的视野，更新了人才的价值观与评价观。以多元智能来看待每个人的智能结构特点，每个人都有智能的强项与特殊的潜质；以多元智能来看待每个人的发展前途，每个人都有广阔的发展空间，每个人都可以成长为对社会有用的人；以多元智能来看待我们的学习，每个人都能够找到成功学习的自信，在那里快乐地学、自豪地学、成功地学。

具体来讲，多元智能理论对于我们的启示，主要体现在以下几点：

1. 人类的智能是多元的

每个人都是多元智能组合的个体

人类的智能是多元的，每个人都是多元智能组合的个体，每个人都拥有八种智能中的若干种。人与人之间智能组合的方式各不相同，就如同世界上没有完全相同的两片树叶一样，世界上没有两个人的智能组合完全相同。

每种智能都有着多种表现方式

人类的智能是多元的，每种智能都有着多种表现方式。

比如，具有较强语言智能的人，有的表现在写作上，成为了知名作家；有的表现在口头表达上，成为了出色的相声演员。

又如，同样具有较高数理逻辑智力的两个人，一个可能是数学家，另一个可能是文盲，但他们都可能有很好的心算能力。

再如，具有较强身体动觉智能的人，有的表现在体育方面，成为了体坛名将；有的表现在艺术方面，成为了著名的舞蹈家；有的表现在医学技术方面，成为了著名的外科医生；有的表现在手工操作上，成为了出色的工匠。

每个人都需要用多种智能来解决问题

人类的智能是多元的，每个人用以解决日常生产、生活和学习中遇到的难题所需要的能力，不是一种能力，而是多种能力。无论具有什么文化背景的人，都需要运用多种智能的组合来解决问题。比如，一个钢琴家在表演的过程中，至少表现出了五种以上的智能。演奏乐曲表现了他的音乐智能，手脚协调分工表现了他的身体动觉智能，操作键盘与协调音调表现了他的空间智能，演出中通过身体语言的暗示与乐团同伴相互配合，则表现了他的人际关系智能，他个人对音乐作品独特的理解与感受，则表现出他的自我认知智能。

每个人都有智能的强项和弱项

人类的智能是多元，每个人既有智能的强项，又有智能的弱项。比如，中国著名作家钱钟书，不仅中文好，英文也好，并且对哲学也有特殊见地，是个天才人物。可是他在考清华大学的时候，数学却只得了15分。可见，他的强势智能在语言智能领域，而数理逻辑智能则是他智能的弱项。但是，他被当时的“伯乐”——清华大学校长罗家伦破格录取。又如，中国著名数学家陈景润，在数学领域取得了辉煌成绩，但是作为教师，陈景润并不是出色的好教师。可见陈景润的强势智能在数理逻辑智能领域，人际关系智能则是他智能的弱项。

有人讲过一个笑话，说是有一位哲学家乘坐渔翁打鱼的小船过江。哲学家问渔翁说：“你懂得哲学吗？”渔翁回答说：“不懂。”哲学家说：“太可惜了，你的人生失去了半条生命。”哲学家又问渔翁说：“你会数学吗？”渔翁说：“不会。”哲学家同情地说：“你的人生又失去了半条生命。”渔翁问哲学家说：“您会游泳吗？”哲学家说：“不会。”渔翁对哲学家说：“坐好了，不然大风刮来，您将失去整个生命。”渔翁的话还没有说完，突然一阵大风刮来，小船被大风吹翻，哲学家掉进了江里，拼命地呼喊：“救命！救命！”

尺有所短，寸有所长，每个人都有自己智能的强项与弱项。人与人之间的差异，是智能倾向的不同与智能结构方式的差异。这种差异形成了人与人之间独有的禀赋与特殊的个性。人与人之间这种智能的复杂组合与相互补充，构成了人类生命的丰富多彩。对于我们每一人来说，最重要的是要找到自我智能的强项，找到可以让自己才能得到尽情施展的地方，在那里快乐地学习、幸福地成长。

判断聪明的标准有多种

人类的智能是多元的，当然判断聪明的标准也应该有许多种。我们不能用统一的一个标准去评价所有不同智能类型的人。

比如，如果有人问："中国诺贝尔文学奖获得者莫言、科学家钱学森、篮球明星姚明、国画大师齐白石、作曲家冼星海、'水稻之父'袁隆平、古代外交家晏子、古代教育家孔子，这八个人谁更聪明？"根据多元智能理论，我们不能说他们谁更聪明，而只能说他们在哪一个智能领域更聪明。

正如加德纳所说："每个孩子都是一个潜在的天才儿童，只是经常表现为不同的方式。"在人的一生中，或许智力的表现及其发展受制于一定的遗传因素，然而，事实上，这种在生理上的限制所能起的作用是极其有限的。只要我们充分接触有关某一智力领域的媒介或者材料，任何一个大脑不曾受损的人，都能够在该智力领域得到长足的发展。同样，没有人——无论其生理潜能如何，能够在不接触某种智力领域材料的条件下能够发展该种智力。弱智指挥家——舟舟的成长，就是一个典型事例。

弱智指挥家的成长

在中国残联艺术团中有一位弱智艺员，在他还没有满月的时候，就被查出患有先天愚型病症。由于左脑先天发育不全，他的逻辑思维能力很差。正常人的智商最低 70，而他只有 30，属于重度弱智。直到 8 岁，他才能数到 1、2、3、4、5。他的数理逻辑智能很差，但他的音乐智能却很强。

他的家就在武汉市交响乐团、歌舞剧院、京剧团、话剧团聚集的大院里，他熟悉那里几乎所有的练功房、化妆室和排练厅。他的父亲，是武汉市交响乐团的大提琴手。从他两三岁起，父亲上班，总是把他带在身边，放在排练厅的一角。每当乐声响起，他很快就会安静下来。因为长期泡在排练厅里，看着乐队排练，所以他对老指挥家的指挥风格，观察得细致入微。他偏爱乐团指挥的位置，乐团排练间隙，他便不声不响地爬上去，拿起指挥棒，挥舞起短短的手臂。

憨态可掬的他深得乐手们的喜爱。他们在指挥席的侧后方，给他放了一只谱架。大约在他 4 岁那年，有一天，乐手们在排练厅休息的时候，有人和他开起了玩笑。

“想不想当指挥家？”一个乐手问道。

“想！”他边说边爬上了指挥台，举起了指挥棒，煞有介事地敲了敲谱台：“预备，开始！”认真的神情，逼真的动作，惹得乐手们哈哈大笑。

大家觉得挺“逗”，于是纷纷随着他的指挥棒演奏起来。

奇迹出现了！只见他把老指挥家指挥的动作，模仿得惟妙惟肖。一首《卡门》指挥完毕，他像真正的指挥家一样，转过身来，认真地深深鞠了一躬。

从此，他爱上了指挥。每当音乐响起，他都会拿起指挥棒，挥动短短的手臂，直到曲终。

1997 年，一位湖北电视台纪录片编导，一次偶然的机会发现了他，对他无师自通的指挥才能产生了好奇，开始对他进行了长达 10 个月的跟踪采访，拍摄了一部长达 60 分钟的电视纪录片。顿时，他如同人气骤升的明星一样，在武汉三镇尽人皆知。这部纪录片很快播到欧洲、美洲、中国台湾和中国香港。

1998 年末，中国残联一位负责人偶然间在中央电视台看到这部纪录片，激动难抑，立刻打电话，邀请他参加 1999 年 1 月残联在北京举办的新春晚会。

那天，他穿上了平生第一件燕尾服。随着他一个漂亮的起拍手式，音乐响起。他的动作优美而流畅。第一首乐曲结束，观众被震撼了。节奏明快的《拉德斯基进行曲》演奏完毕，全场几乎沸腾了。演奏完毕，他以大师的风范，示意全体乐手起立，向观众致意。他所有这些出人意料的表现，并没有人教过。

2000 年 5 月 19 日晚，“爱心大使之夜——中国特奥慈善晚会”在北京人民大会堂隆重举行。他与美国好莱坞大牌明星阿诺德·施瓦辛格手牵着手，走进了北京人民大会堂。这场募捐晚会，由他指挥中国歌剧院交响乐团义演。艺术家们在这位“年轻指挥家”的娴熟指挥下，一首“北京喜讯到边寨”的欢快旋律，从他的一招一式间流泻出来。他传奇般的音乐人生，让首次来华的施瓦辛格十分感动，这位“慈善大使”当场捐款 15 万美金。

2000 年 8 月 30 日，中国残疾人艺术团在北京 21 世纪剧院汇演，党和国家领导人观看了演出。他的指挥获得了全场雷鸣般的掌声。2000 年 9月,他在美国纽约市卡耐基音乐厅成功指挥了世界顶尖级乐团——美国国家交响乐团，演出震撼全美国。

这位少年虽然左脑先天发育不全，逻辑思维能力很差，可是他的右脑是健全的。而右脑是音乐脑、形象脑。他的形象思维能力很强，音乐智能超常，加上长期的音乐环境熏陶和父亲的耐心指导，他的右脑得到了极好开发，音乐指挥才得到了可以尽情施展的机会，所以他成长为一名出色的指挥家。

2. 成功的管道是多维的

人类的智能类型是多元的，成功的管道是多维的。世界的发展需要不同智能类型的人才，而不是单一的某一种智能类型的人才。因此，代表着人类不同潜质的八种智能，在认识改造世界中有着同等重要的作用与巨大的价值，人人都可以成为对社会有用的人，人人都可以获得成功。

古今中外众多的成功者，尽管他们所从事的领域不同，但他们都充分发挥了各自的强势智能的作用，在自己的强势智能领域取得了成功。

不同智能类型的成功者

大科学家爱因斯坦，充分运用自己的智能强项——数理逻辑智能，成为数学和科学的天才人物。他创建的狭义相对论和广义相对论，为人类利用原子能和探索宇宙的起源和形成铺平了道路。

中国著名数学家陈景润，充分运用自己的强势智能——数理逻辑智能，证明了哥德巴赫猜想“1+2”命题，将200多年来世界上未能解决的哥德巴赫猜想的证明向前推进了一大步，取得了国际领先成果。

清代文学家曹雪芹，充分运用自己的强势智能——语言智能，创作出传世之作——《红楼梦》。这部具有思想内涵的奇书，是中华民族五千年传统文化思想的最高综合和体现，它让所有看过《红楼梦》的人，都了解到什么是中国的封建社会，体会到人生百味。

中国著名京剧表演艺术家梅兰芳,是举世闻名的中国戏曲艺术大师。在五十年的艺术生涯中，他充分运用自己的强势智能——音乐智能和身体动觉智能，不仅在戏剧舞台上塑造了一个个仪态万方、光彩照人的艺术形象，积累了大量优秀剧目，如贵妃醉酒、霸王别姬、穆桂英挂帅、木兰从军等，而且让中国的戏剧表演艺术在国际舞台上站住了脚。

尽管爱因斯坦、陈景润、曹雪芹、梅兰芳属于不同时代、不同智能领域的人，但他们都发挥了各自强势智能的优势，因此，他们都在自己喜爱的领域获得了成功。

找到智能强项，树立成功自信

中国台湾有一位著名的漫画家，在上学的时候，学习成绩很差，父母也经常被老师叫去训斥，他的自尊心受到极大伤害。

有一天，他问父亲说：“我是不是很笨？”父亲很清楚，儿子一点儿不笨，只是天生对文字和数字不敏感，但是在绘画方面却表现出极大的兴趣和不同一般的天赋。

于是，父亲将儿子带到动物园，指着动物对儿子说：“儿子，人和动物一样，都有各自不同的天赋。你看老虎，威风凛凛、强壮有力、善于奔跑。你再看看猫，温顺灵敏，虽然不能像老虎那样威风霸气，但它具备上树、抓老鼠的本领。许多人都想成为老虎，但是，想成为老虎的人太多了，所以，许多人只当了一只很烂的老虎。儿子，虽然你对文字和数字反应迟钝，但你对绘画却非常敏感，为什么放着优秀的猫不当，而偏要当一只烂老虎呢？发展你的强势智能吧，我相信，你一定能够成为一名好画家！”。从动物园回来后，他对学习有了信心，并且立志把漫画当作一生的事业来发展，25岁时他就成为台湾人气很旺的漫画家，许多作品红遍东南亚。

上海某中学“团队学习，多元发展”培训班里，同学们重拾学习自信，就是因为他们发现了自己也拥有值得骄傲的强势智能。

培训班有十多名同学，他们过去都被认为是问题学生，在同学面前抬不起头来，回到家里又经常受家长责骂。他们从抑郁、恐惧、怨恨到对抗，从畏学、厌学到逃学，造成了严重的学习心理障碍。在培训班里，老师观察发现：这些同学都有十分突出的强势智能。有的表现在身体动觉智能方面，篮球打得很棒；有的表现在语言智能上，酷爱文学，文采不错；有的表现在人际关系智能方面，特别善于理解他人的心理需求，乐于帮助别人解决困难；有的十分喜爱计算机，并利用课余时间帮助老师制作多媒体课件。但是，这些同学几乎都有共同的弱势智能——数理逻辑智能，数理成绩大都不太理想。他们大多害怕学习英语，尤其害怕记忆英语单词。但是，他们在各自的强势智能方面，都表现出持久的专注力、积极的思维态势和战胜困难的顽强意志品质。

培训由老师给定阅读资料，同学们采用自主阅读、自我教育的方式进行。在阅读相关材料的过程中，同学们对照多元智能认真分析自我智能的结构特点，发现自己也有一项甚至几项值得骄傲与自豪的智能，很快增强了成功学习的自信，并自觉地将自己在强势智能领域所表现出来的专注力与顽强的意志品质迁移到学习英语上，使他们的英语成绩在短时间内有了较大起色。

过去他们一天记不住5个单词，而参加第一次训练，16分钟内，大多数同学全部记住了老师布置的40个新单词记忆任务，最少的也记住了19个单词。第四次训练，任务是做7套英语试卷。在短短三小时之内，他们不仅做完了试卷，而且主动请奥数班同学帮助订正错误。短短几十个小时的自主学习、自我教育训练，他们的精神面貌焕然一新，学习态度和学习成绩都取得了显著进步。

在总结交流时，他们自豪地说："是多元智能理论让我们发现了自己也有强势智能，也有值得骄傲和自豪的地方，从而找回了学习的信心；是团队学习提供了竞争互助的环境，让我们找到了学习的乐趣；是成功学习的方法，让我们有了解决学习困难的办法。因此，学得开心，学得尽兴。"

其实，在我们每个人身上既存在多元智能，也具有独一无二的特质。如果从强势智能入手，就可以将自己在强势智能领域所表现出来的意志品质迁移到自己的弱势智能领域，让弱势智能也得到相应提高和发展，为成功学习创造契机。

兵兵语文成绩的提高就是一个事例。

发挥强势智能的迁移作用

深圳某小学三（1）班有个名叫兵兵的小男孩，聪明可爱，数学、英语成绩都很好，在班上名列前茅，可就是不喜欢语文，只要家长一提到语文和作文，他拔腿就跑。

他妈妈的朋友是一位老师，决定利用暑假帮帮他。

经过几天的仔细观察，老师发现，兵兵不仅特别喜爱看课外书籍，而且特别爱好制作兵器。在他卧室的书架上，摆满了用乐高插件制作的各式各样的兵器，有太阳能飞机、太阳能大炮、太阳能军舰、大鲨鱼潜艇等。

老师问他："兵兵，你在房间里干吗摆的全部是兵器呀？"

兵兵小脑袋一扬，挺自豪地说："长大后，我要当一个兵器发明家。我还要制作一个像大鲨鱼一样的核潜艇，在深海侦察，谁也发现不了！"

一天傍晚，老师根据他的兴趣爱好，送给了他一个更大的乐高插拔玩具——大鲨鱼。兵兵一见爱不释手，吃罢晚饭就钻进卧室，坐在木地板上，开始了对大鲨鱼的研究。为了穷尽大鲨鱼插件 36 种不同的组合方式，他聚精会神地看图纸，不停地插拔组合，从晚上 7 点，一直忙到深夜 12 点，直到把 36 个图形全部拼装了出来，才去睡觉。

一个9岁的孩子，对他喜爱的事情，竟有如此可贵的专注力。如何将他在插拔玩具中表现出来的专注力迁移到学习语文上呢？

老师根据他想发明一艘大鲨鱼核潜艇的构想启发他说："兵兵，你真的想发明大鲨鱼核潜艇吗？""那当然。"兵兵语气肯定地说。

老师说："你的想法很好，但是很难实现。""为什么呢？"他问道。

老师说："那么大的核潜艇，靠你一个人的力量，一辈子也很难造出来呀！""那怎么办呢？"兵兵着急地问。

老师说："如果你能够把自己的设想写出来，让大家一起帮助制造，就很容易办到了。""怎么写呢？"兵兵问道。

为了把话题引到作文上，老师告诉他说："在美国，小学生7岁就开始搞课题研究；在中国，要等到考上研究生才正式搞课题研究。如果你能搞个小小的课题研究，那么你就可以超过美国的小学生了！""真的吗？"他问道。

老师肯定地回答："那当然！""好吧，我们现在就开始写吧！"他急切地说。

老师根据他特别喜爱大鲨鱼的爱好启发他说："就写一篇你最喜爱的大鲨鱼的研究课题，怎么样？""好吧！"他爽快地答应了。

当即，老师和他一起在网上查阅下载相关的文字和图片资料，他又从自己书架上存放的大鲨鱼的书上找到相关资料，很快完成了题为《我所了解的大鲨鱼》的研究课题。

课题选题名称：《我所了解的大鲨鱼》，课题研究内容共分为六个小标题：

（1）大鲨鱼在地球上生活了多久？

（2）世界上现存的大鲨鱼有多少种？

（3）我们叫得出名字的大鲨鱼主要有哪些？

（4）为什么人和大鲨鱼会"彼此残杀"呢？

（5）科学家用什么作诱饵发现大鲨鱼的踪影呢？

（6）大鲨鱼的药用价值。

研究成果随即打印出来，并在封面上写下研究课题的名称、作者姓名、所在学校、完成时间、联系电话，并贴上锤头鲨的彩色图片。

图文并茂的研究课题装订好后，兵兵爱不释手，马上告诉妈妈说："妈妈，我要出去玩一会儿再回来吃晚饭，好吗？"

"好！"妈妈知道他要出去干什么，爽快地答应了。

只见他把研究课题往腋下一夹，飞快地跑了出去。十几分钟后，他从邻居家领来了两个小伙伴，一起趴在茶几上，向小伙伴们一页一页地介绍他的研究成果，并强调说："外国的小学生怎样，中国的研究生怎样，我怎样……"

就这样，在不知不觉中他喜爱上了语文和作文。

春节期间，兵兵和妈妈一起给老师拜年。他十分自豪地告诉老师说："期末考试，我的语文得了96分，是班上第四名，作文只扣了2分！"

人与人之间智能结构不同、个性特点不同，兴趣爱好不同，其发展方向各不相同；具体到学习，其学习风格与学习方法也各不相同。

3. 认知自我，确立正确的人生发展方向

20世纪90年代，"国际21世纪教育委员会"曾向联合国教科文组织提交了一份报告。报告中提出21世纪教育的四大支柱："学会认知，学会做事，学会共同生活，学会生存。"学会认知排列位首。珍爱生命，尊重自我，首先要从认知自我、确立正确的人生发展方向做起。

知人者智，自知者明

中国古代思想家老子说："知人者智，自知者明。胜人者有力，自胜者强。知足者富，强行者有志。不失其所者久，死而不亡者寿。"意思是：能够洞察他人品行与才能的人，可谓有智慧；能够觉悟到自身长处和短处的人，可谓高明。能够战胜别人的人，可谓有力；能够战胜自我的人，可谓强大。知足的人，可谓富有；努力践行的人，可谓有志。不犯错误的人，可以长久；死后不被人遗忘的人，可谓长寿。

中国古代思想家荀况说："自知者不怨人，知命者不怨天，怨人者

穷，怨天者无志。”

内因是变化的根据

毛泽东说：“外因是变化的条件，内因是变化的根据，外因通过内因而起作用。鸡蛋因得适当的温度而变化为鸡子，但温度不能使石头变为鸡子，因为二者的根据是不同的。”我们每个人都是自我认知的主体，都是自己命运的主宰，外因只有通过我们的内因才能够真正起到作用。

世界上大凡成功的人都能够正确地认知自我，客观地评价自我，并且清楚地知道自我智能的强项与弱项，做到扬长避短、避弱趋强，并且在自己强势智能刚刚露头的时候就牢牢抓住，将强势智能发展成为自己的核心竞争力，做自己喜欢而且擅长的事，成为强势智能的创造者和领头人。

爱因斯坦在物理学领域找到导致深化知识的东西

爱因斯坦早在1907年，就对广义相对论产生了某些设想，但很长时间却没能取得根本性突破。经过分析，他发现是由于自己缺乏必要的数学知识。原因找到后，他回过头来重新补习数学。

爱因斯坦曾对此剖析说：“我看到数学分成许多领域，每一个领域都能耗去我们短暂的一生。因此，我觉得自己的处境，就像布里丹的驴子一样，不能决定究竟吃哪一辆车里的草。这显然是由于我在数学领域里的直觉能力不够强，以致不能把真正带有根本性的、最重要的东西，同其余那些多少是可有可无的广博知识可靠地区分开来……诚然，物理学也分成了各个领域，其中每一个领域都能够吞噬一个人短暂的一生……可是，在这个领域里，我不久就学会了识别出那些可能导致深化知识的东西，而把其他东西撇开不管。”

爱因斯坦发现自己的核心竞争力在于直觉，于是选择理论物理作为事业的突破口，最终创立了相对论这样全新的理论。

爱迪生把电学作为主攻方向

美国发明家爱迪生在年轻的时候酷爱学习，但并不了解自己智能的强项是什么，结果书读得很多，精力花费得不少，收效甚微。后来，他仔细地分析自己的爱好与特长，决定把电学作为主攻方向，结果很快进入创造发明阶段，一生在电学领域取得近2000项的发明成果。

爱迪生发现自己的核心竞争力在于观察，于是选择发明作为事业的突破点，最终成为了世界发明大王。他的成功，在于能够正确地认知自我，发现自己智能的强项与弱项，做到扬长避短、避弱趋强，确立正确的人生发展方向。

打球只为拥有一双合脚的鞋

据说，中国有一位篮球明星，最初打球的目的不是为了拿冠军、当球星。他玩命地训练，奋勇地拼搏，只是为了能够拥有一双合脚的鞋子，让父母不再为他穿鞋的事发愁。

这位篮球明星在上小学三年级的时候，身高已经达到1.70米；16岁时，身高2.20米。儿子的“疯长”，让父母犯了愁。特别是那双大脚，开始是穿46码的鞋，一年后穿48码，再后来穿53码，中国市场上根本买不到他穿的鞋。父母绞尽脑汁，寻遍大街小巷，也无法满足儿子对鞋子的需求。

巨人般的儿子，看着父母为自己穿鞋的事情心急如焚，心里很不是滋味。于是他立下志向，一定要刻苦训练争取进入国家队，那样就有定制的鞋子穿了！

堪称中国乃至亚洲骄傲的篮球明星，当初竟然只有如此小小的目标，让人觉得不可思议。但这看似简单的目标，却正是他认知自我、确立人生目标的开端。人生目标的确立，不正是应该从找到“适合自己的鞋子”开始吗？

人，认识你自己

传说，古希腊的奥林匹斯山是西方诸神居住的地方。在那里，有一位神的使者，狮身人面，名字叫斯芬克斯。

斯芬克斯从奥林匹斯山上带着神对人类的忠告来到人间，这忠告便是：人，认识你自己！

为了强化这一箴言，她编了一个谜语：什么东西早晨用四条腿走路，中午用两条腿走路，晚上用三条腿走路？谜底就是人自己。人幼小的时候，在地上爬，犹如四条腿走路；长大了，站立起来用两条腿走路；到了老年，拄着拐杖走路，就变成了“三条腿”。

这并不是一个简单的谜语游戏。问题在于：每一个过路人都要面对狮身人面的斯芬克斯猜出谜底。凡是猜不中的，都会被她吃掉！

这个神话故事的寓意告诉我们：人，必须认识自己，否则，就会遭遇被“吃掉”的命运。

人贵有自知之明。一个人认识别人容易，要正确地认识自己却很难。

嘲笑他人的妇女

有一个妇女，多年来，总爱嘲笑她家阳台对面邻居的衣服永远洗不干净。这天，女友到她家玩，她将女友拉到窗前，指着对面阳台上晾的衣服，又将邻居嘲笑了一番。细心的女友透过窗户望去，的确，那晾晒在阳台上的衣服斑迹点点，好像没有洗干净的样子。但奇怪的是，那些斑点会随着自己的走动而移动。再一仔细观看，哈！不是对面邻居家的衣服没洗干净，而是朋友家的窗户没有擦干净！

把弱项当强项发展的书生

有个书生，大学毕业后，一心想成为一名作家。于是他抛弃了自己所学的专业，放弃了优越的工作环境，整天坐在家里构思着他的伟大作品。然而几十年过去了，书生已经到了古稀之年，连一部小作品也没有写出来。而当年和他抱有同样梦想的同学，早已成为了名副其实的大作家了。这个书生怎么也想不明白，为什么自己这么喜爱写作，并且为此付出了极大努力，却仍然圆不了作家梦呢？

其实原因很简单，了解书生的人都知道，语言智能恰恰是他智能的弱项。书生在确立人生目标之前，没有建立自我认知意识，在不知道自我智能结构特点的情况下，就匆忙确立了自己人生的发展方向，所以错将弱项智能当强势智能来发展，结果一辈子劳而无功。

沮丧的武士

有个武士所向无敌，但是碰到一位高僧后却十分沮丧。

他对高僧说："我曾经击败过无数的对手，但是见到您，我便感到自己的生命没有任何意义了，这是为什么呢？"

高僧指着高高挂在天空的月亮对武士说："你看，皎洁的月亮穿越苍穹，让大地披上朦胧的银灰色，你说，它明亮吗？"武士说："很明亮！"

高僧接着问道："太阳的光亮，却让我们看清了身边所有景物的细节。你说，太阳和月亮相比，哪一个更明亮呢？"武士回答道："当然太阳比月亮要明亮得多！"

高僧继续问道："你认为，我和太阳相比，哪一个更明亮呢？""当然是太阳！"武士说。

高僧接着说："为什么我不能像太阳那样明亮呢？是因为我低人一等吗？不，太阳与月亮，各有各的美丽。人与人相比，各有各的特长。"

我们每个人都有自己智能的强项与弱项，问题是我们如何清楚地认识这些，做到扬长避短，确立正确的人生发展方向。

我到底要什么

对于自我的认知是面对生命的基础。"我到底要什么？"这是古今中外一切人都要面对的人生最大的问题，这是一个人的价值认同、价值取向与价值追求。

《联想为什么》的作者陈惠湘说："我们用半天的时间可以找出世界上有一百条发财之路，但也许用半年时间也找不出哪一条路属于自己，关键在于我们必须知道自己能做什么。没有无所不能的英雄。脱离自身分析的战略是现代的堂吉诃德。"

一个人要确立正确的人生发展方向，最主要的是要能够正确地认知自我，了解自我，理智地分析自我智能的结构特点，找到自我智能的强项与弱项，知道自己能够做好什么，不能做好什么。这样，才能扬长避短，趋强避弱，确立正确的人生发展方向。

有人说，人生发展有三种前途：一种是从政走红路。因为清朝官帽上的顶子是红色的，所以从政被认为走红路。一种是当学者搞科研走黑路。因为博士帽是黑色的，所以当学者搞科研被认为走黑路。一种是经商走黄路。因为黄金是金黄色的，所以经商被认为走黄路。

每种行业都有着鲜明的职业智能要求。比如，从政的人，一般需要具备雷厉风行的作风，灵活应变的能力；搞科研的人，一般要求坐得住冷板凳，耐得住寂寞；经商的人，一般都需要具备敏锐的商业嗅觉，懂得商品流通的规律，能够把握商业机会。

每种行业都承担着一定的社会职责。比如，从政者的天职是廉洁奉公，为民排忧解难，所以他们要敢于承担社会责任；科学家的天职是造福人类，所以他们要做到无私奉献，将自己的科研成果无偿地奉献给人类；商人的天职是互通有无，所以他们要追求利润的最大化，使财富增值。

每种行业都存在着风险。一个从政的人，如果成功了 99 次，但是只要一次失败，他的政治生涯就可能从此结束了；一个科学家，即使科学研究失败了 99 次，但是只要成功了一次，那么他就成功了；一个经商的人，在商海里打拼，常常要经历九九八十一难才会成功。

道路决定命运，方向成就辉煌

道路决定命运，方向成就辉煌。从古到今，许多成功者之所以能够成功，是他们能够清楚地认知自我，知道自己智能的强项与弱项，扬长避短，确立了正确的人生发展方向。

中国明代伟大的医药学家李时珍，14 岁考中秀才，随后三次到武昌考举人都名落孙山，于是，他果断放弃了科考做官之路，专攻医药学。二十七年间，他参考历代有关医药及学术书籍 800 余种，并结合自身的经验和调查研究结果，编成了中国古代药物学的总结性巨著——《本草纲目》，在医药学领域成为了天之骄子。

中国著名数学家陈景润害怕当老师，但他潜心攻克“哥德巴赫猜想”，却摘取了数学王冠上的明珠。1966 年，陈景润发表了题为《表达偶数为一个素数及一个不超过两个素数的乘积之和》（简称“1+2”）的论文，成为“哥德巴赫猜想”研究上的里程碑。

有一位大学生，对人生目标的选择经历了这样一个自我认知的过程：

大学一年级，他选修的全是科学课程，还打算主修理论物理。

大学二年级，年轻人发现物理学的动人之处在抽象部分——公式、比例与理想概念。而真正令他动心的是数学，于是他改为主修数学。

大学三年级，年轻人又有了新的想法。虽然他喜欢数学的井然有序，但却受不了数学那冷冰的感觉，于是决定改攻艺术。

大学四年级上学期，年轻人选择建筑师作为自己终生奋斗的目标。

这个年轻人，在认知自我的过程中，发现了自己智能的强项，并以此为依据，慎重地确立了自己人生发展的方向。先前的物理学，使他了解了物体结合的原理，数学给了他度量与秩序感，而艺术则造就了他敏锐的眼光与灵巧的双手。自此，他从未改变过志向，工作得十分出色。

一个人要想有一个成功快乐的人生，除了正确地认知自我，了解自我，理智地分析自我智能结构的特点，找到自我智能的强项与弱项，做到扬长避短，趋强避弱，确立正确的人生发展方向之外，还要确立核心价值观，打造自我核心竞争力。

确立核心价值观

要知道自己“到底想要什么”，关键在于确立自我核心价值观。

什么是价值观？价值观是人对价值的主观看法，是一个人对客观事物以及自己行为的意义、作用、重要性的评价标准，是一个人区分真与假、善与恶、美与丑、乐与苦、好与坏、是与非的内心尺度，是一个人心理信念和行为准则，是一个人自我设计的价值取向标准，是一个人内部动因的关键和力量的核心，是自我发展的推动力。

价值观对人的理想追求、生活目标、发展方向起定向与调节作用。人的价值观一旦形成，便具有相对的稳定性、持久性。但价值观也会随着知识的增长、经验的丰富、环境的改变而发生改变。

美国社会心理学家罗基奇提出了两类价值系统：

一类是终极性价值系统，用以表示存在的理想化终极状态或结果。内容包含：成熟的爱、真正的友谊、舒适的生活、振奋的生活、成就感、社会承认、美丽的世界、国家的安全、家庭的保障、内心的平静、灵魂得到拯救，以及平等、自由、幸福、享乐、自尊、智慧等。

另一类是工具性价值系统，是达到理想化终极状态所采用的行为方式或手段。内容包含：有抱负、有才能、有教养、讲信用、负责任、有理智、有逻辑性、富于想象、心胸宽广、勇敢诚实、助人为乐、仁慈、自控、独立等。

要确立正确的人生发展方向，首先要弄明白：我到底想要什么？在我的生命中，什么才是最有意义、最有价值、最能够使自己感到快乐的东西？我到底是想以奉献、奋斗、成功为快乐，还是以金钱、舒适、享受为快乐？

德国心理学家雅斯贝尔斯说："决定教育成功的因素，不在于语言的天才、数学的头脑或者实用的本领，而在于具备精神受震撼的内在准备。"美国心理学家威廉·詹姆士说："我常觉得，要了解一个人的个性，最好的办法就是找出这个人自认为，当持有那样的态度或观点时，自己最有作为、最有精神的那种心态或道德观。在此刻，内心中会有一个声音说：'这是真正的我'。"

当我们找到了自己最有作为、最有精神的心态或道德观，找到自认为最有意义、最有价值，最感到快乐、最能激起自我拥有的渴望与积极行动的东西，就找到了我们的核心价值观。

自我与社会是人生历程中重要的两个定点。人的一生，就是在自我与社会这两个定点中持续互动的历程，是一步一个脚印自我塑造的过程。我们每个人的成长，都会面临人与自我、人与社会、人与自然三大矛盾。一旦我们拥有了核心价值观，就能够知道"我到底要什么"，就有可能在三大矛盾面前找到自我奋发、自我完善、自我超越的内部动因和力量源泉，精神世界就会充满阳光，浑身就会散发出青春的活力、洋溢着成功的自信，就能够在成长的过程中做出正确的选择与淘汰，并积极主动地去吸收一切事物的正能量，去克服困难、征服困难。

打造核心竞争力

知道了自己要什么，要实现自我人生价值，还要打造自我核心竞争力。所谓核心竞争力，就是自我智能的强项所在，是自己的特殊能力，是自己稳定的、可持续发展的能力；是自己特有的，他人在短期内无法模仿或超越的独特技能和专长。这种独有的优势资源，可以让自己在某一领域里拥有长期的、稳定的竞争优势，让自己为社会做出某种特殊贡献。这种独有的优势资源，是一个人获得成功的内在因素和必备条件，是一个人确立人生目标的着眼点和重要依据。

为什么要打造自我核心竞争力？因为成功人生的尺度，不是我们做了多少工作，而是获得了多少成果。工作本身并不代表成功，这如同农民种庄稼一样，无论多么地辛勤劳作，都算不上成功，只有当收获了丰收的果实，这才算有了成果。

如何打造核心竞争力？以多元智能理论为依据，从语言智能、数理逻辑智能、视觉空间智能、音乐智能、身体运动智能、人际关系智能、自然观察智能、自我认知智能诸方面，理智地分析自己智能结构的特点，就可以发现，在我们每一个人身上，既存在着多元智能，也具有独一无二的特质，每一种特质都可以通过训练增强与改变。如果将自己强势智能作为发展的方向，就能够趋强避弱、扬长避短，坚持不懈地发展自己的强势智能，就可以打造自我核心竞争力，让自己变得卓越和优秀。

4. 自我教育，让自己变得卓越而坚强

自我教育是自我认知的组成部分，是自我实现的先决条件，是教育的灵魂和追求，是让自己变得卓越而坚强的内部驱动力。相信自我教育能力，掌握自我教育的方法，是提升自我、完善自我、超越自我最好的方法之一。

那么，什么是自我教育呢？自我教育是一种自我认知、自我评价、

自我调控、自我完善的能力。在自我教育中，我们可以明辨是非，发现不足，做到自省自律，不断提升人生境界。

有一个刚刚从职业技术学院毕业的大学生对路边一家日杂店的老板说："先生，我可以用一下您的电话吗？"老板说："可以，你用吧！"大学生拨通电话说："您好！请问，您是人事处吗？我想咨询一下，你们公司是不是想聘请一名汽车维修工？哦，你们已经找到了。请问，你们对他的工作满意吗？他做得很好。你们确定不再聘请人了吗？确定。那好吧，谢谢您。"

日杂店老板十分同情地说："小伙子，工作很难找吧？不要难过，还会有机会的。"小伙子说："谢谢您的关心。我在这家公司已经工作一段时间了。刚刚打电话，只是定期检查一下自己的工作，看看公司是否满意，自己是否还存一些问题需要改进。"

我们每个人一生都有三种年龄，即自然年龄、生理年龄与心理年龄。每个人一生都有两个阶段：认识自我与实现自我阶段，要实现人生目标，就要做好自我教育。

如何做到自我教育呢？苏联著名教育实践家苏霍姆林斯基在《给教师的一百条建议》的第79节"教育和自我教育"中有不少精辟论述，为我们提供了良好借鉴。

用一定尺度衡量自己

苏霍姆林斯基认为，用一定的尺度来衡量自己，是自我教育最重要的一种方式。用一定的尺度来衡量自己，就是用英雄模范人物的行为来作为测量自己的尺度，因为榜样的力量是无穷的。在日常工作、学习和生活中，以英雄模范人物为榜样，不断对照自我，反省自我，找出差距，看到不足，对自己做到高标准、严要求，继而做到自我修炼、自我完善、自我提升。

在公众的评价中认识自我

在公众的评价中认识自我，是自我教育的重要方式之一。

中国盛唐皇帝李世民说："以铜为镜，可以正衣冠；以史为镜，可以知兴替；以人为镜，可以明得失。"公众的赞扬，可以让我们拥有自信，可以让我们形成谦虚谨慎、戒骄戒躁、再接再厉的美德；公众的批评，可以让我们学会谅解，学会包容，做到"有则改之，无则加勉"。地球上最辽阔的是大海，比大海更辽阔的是天空，比天空更辽阔的是人的心胸。一个人只有具有"海纳百川，有容乃大"的心胸，才能够与意见不同的人合作学习，共谋发展。

在劳动中找到自尊与荣誉感

劳动是伟大的教育者。劳动与奉献则是产生自尊与荣誉感的根源。自尊与荣誉感是一个人精神的核心。在劳动中，我们可以认识自己的力量，贡献自己的智慧，找到自尊与荣誉感。不依赖别人而是靠自己的劳动和智慧来生活，是一个人具有自立能力的表现。在劳动与奉献中，我们可以认识到自己的力量、才能和天赋，建立成功的自信。在劳动与奉献中，我们可以把自己的劳动成果、劳动智慧的一部分贡献给别人，从中体会到快乐与幸福。一个人只有在劳动中找自尊与荣誉感，才有希望成为一个优秀的人。如果一个孩子到了十三四岁，还没有获得过这种体验，老师和家长就要为他的命运感到担忧。

在体育锻炼中认识自己的意志和力量

体育锻炼是强健身体、磨炼意志的最好形式之一。一个身体健康的人，生活会充满热情与活力。而体育锻炼，如打球、跑步、骑自行车等，不仅可以增强人的体质，而且可以培养人的顽强的意志品质，增强战胜困难的勇气与自信。强制自己天天坚持体育锻炼，不是一件容易的事，需要具有极大的勇气、热情和顽强的意志力，需要自我纪律、自我约束和自我控制。长期坚持体育锻炼，对于任何一个人来说，都是一件非常了不起的事情。

体验克服自己弱点的满足

体验到克服自身弱点的满足是自我教育的成功表现。自我认知能力的形成，取决于在集体关系中、在学习和生活中、在劳动锻炼中、在道德信念的形成中，自我认知与自我教育进行得是否深刻。如果一个人在童年时代就体验过克服自身弱点的满足，那么他就具备了自我纪律、自我约束和自我控制能力，他就能够以批判的态度看待自己。正是从这一点上开始了一个人的自我认识和自我教育。苏霍姆林斯基认为，一个年纪幼小的人，不论把“懒惰是不好”这句话背得多么牢固，理解得多么清楚，但是，如果他不能在实际行动中管住自己，他就成不了一个意志坚强的人。

让道德准则变成自我信念

让道德准则成为自我信念是自我教育的最佳境界。

在日常生活中，学会主动地关心他人、爱护他人，把自己的劳动成果和智慧技巧与他人分享,让自己身上美好的东西在他人身上表现出来，使他人也变得更加美好，这是美好人生的一种境界。一个人只有在把关心他人的愿望当成自己的精神享受的时候，让道德准则变成自我信念并获得亲身体验的时候，他才是真正地开始了自我教育。

培养自我教育能力的最佳年龄期

培养自我教育能力最好从小做起，从开始懂事的时候做起。从小做起，年龄越小，接受新生事物越快，形成自我教育能力越强，而且成本低，见效快。少年时期和青年早期，是一个人的个性、智力、道德品质和社会思想形成的最佳年龄期，也是培养自我认知、自我教育能力的最佳时期。

苏霍姆林斯基认为，如果一个人在童年时代和少年早期，即从 7 岁到 10 岁，就学会了自己安排自己的事，学会了自我约束、自我控制，那么他就能够在与别人的多重关系中来造就自己。如果一个人一直到十七八岁，还只是感到自己是个受教育者，只是有人在教育他，而他并不教育任何人，也不教育自己，那么以后他就不可避免地会出现再教育问题。

从阅读中找到了自我教育的方法

阅读人物传记和相关启智立志的书籍，从中找到自我激励、自我鞭策的力量与方法，是自我教育、自我修炼、自我超越的很好方式。比如，浙江某校初一(3)班的同学采用这一方法，取得了良好的自我教育效果。

初一（3）班的同学大多是留守儿童，父母常年在外地打拼，很多同学长到十一二岁，没有见过父母几次面。

2004年“十一”过后，校团委利用课外活动时间，组织初一年级同学开展课外阅读活动。下午，闻讯赶来的大小书店，早已在校园的空地上，陈列了琳琅满目的课外读物，任同学们随意阅读，任意选购。

初一（3）班有四名同学发现并购买了《享受学习》一书。出于对学生课外阅读兴趣的保护，也出于对学生自我教育能力的考查，语文老师利用课前三分钟的唱歌时间，让同学们自选该书片断，自主上讲台诵读，每人一次不能超过半分钟。

让老师没有想到的是，不到一周的时间，同学们争先恐后的阅读热情简直无法遏止。四本书满足不了同学们相互借读的要求，于是，大家纷纷打电话回家，让家长从书店买书送到学校。不到半个月时间，同学们人手一本《享受学习》。

为了争取到课前三分钟的诵读机会，许多同学下课后不出去活动，就在教室的走道里排起长长的队伍，等待上课诵读时间的到来。课前三分钟满足不了同学的诵读要求，语文老师只好将语文自习课时间让同学们用来诵读。

更让老师没有想到的是，似乎这些同学天生都有一种深刻领悟力和学以致用的能力。

有位女生诵读了牛顿预习的方法后，初一上学期就将初二语文课本上的生字词全部预习完了。她还利用字典给生字注上了拼音，利用词典给课本上所有的生词做好了解释，并利用课余时间积累了厚厚的一本作文素材。

老师原以为“创新智慧”与“研究性学习”两部分，只有高中同学才看得懂，没有想到初一的同学们竟然理解得十分透彻。

同学们在选读了研究性学习中的合作学习方法后，灵活运用合作学习的方法，在每节语文课的自由讨论中，大家围绕讨论问题，自由结合，或四人一组，或六人一组，组成学习小组，踊跃发言，热烈讨论，各抒己见，相互启发，共解难题。

在阅读中，恰到好处地节选，声情并茂地朗诵，细心深刻地领悟，争先恐后地表演，学以致用地行动，在短时间内所产生的相互激励、相互启迪效应，所形成的自主学习、自我教育能力，让成绩优秀的学生如同滚雪球一样逐月增加，短短三个月的阅读，同学们不仅精神面貌发生了深刻变化，而且学习成绩也有了明显提高。该校初一年级共有五个班，(1）至（4）班是普通班，(5）班是实验班，(3）班成绩优秀学生的排名，有的已经进入了实验班排名的行列。

2005年元旦，初一年级组织了迎元旦文艺晚会。(3）班的同学自发地将《享受学习》的前言作为诵读节目，全班集体上台表演。精神饱满的队伍，深情激昂的朗诵，打动着在场的每一位同学。

实践证明，每个学生都具有与生俱来的非凡领悟力和学以致用的能力，每个学生都有惊人的自我认知、自我教育能力。只要找到一本学生喜爱的、能够启智立志的书，能够激发他们树立远大志向、指导他们学会成功做人、智慧做事的书，他们就能够掌握自我认知、自我教育的方法，不断提升自我、完善自我、超越自我，让自己变得卓越和优秀。

不仅阅读可以形成自我教育的意识与能力，而且我们身边的许多人和事都可以成为自我教育的良好素材。

从父亲身上找到自我激励的力量

在少年足球队里，有一个男孩，从爸爸的身上找到了自我激励、自我教育的力量，让自己变得勇敢而坚强。

这个男孩因为长得又瘦又小，每次踢球教练都让他当替补队员，他本人也从来没有主动要求上场。每次比赛，不管男孩上不上场，男孩的爸爸都坐在一旁，拼命地为他鼓掌加油，从来没有缺席过一次。

日复一日，年复一年，等到男孩上高中的时候，这个足球队终于有了一次参加大型比赛的机会。在决赛的前一天，男孩对教练说：“教练，明天我可能晚一会儿到赛场。”教练说：“好吧。”第二天，在离比赛结束还剩最后20分钟的时候，男孩赶到赛场。这时球队落后一个球。在离终场15分钟的时候，男孩突然请求道：“教练，请让我上去踢一次球吧！”教练说：“你上吧！”男孩上场后踢得十分勇猛。在加时赛时，由于他的突出表现，让球队获得了奖杯。这时候，男孩却哭了。教练问他：“你踢得这么好，为什么要哭呢？”

男孩说：“教练，不知道您是否注意到，这么多年来，我爸爸每次都来看我踢球，但他却是一个盲人，从来看不见我踢球，然而，他却一直陪在我的身边鼓励我！今天早上，他刚刚去世。我知道他在天堂里看着我踢球，所以我才踢得这么好！”

在人一生的发展中，比知识重要的是方法，比方法重要的是理念。正确的理念，对人生是一面旗帜，对行动是一个纲领，对未来是一个目标。多元智能理论，为认识人的智能结构的特点提供了多元视角，为成功学习提供了新的理念，为人的成功发展拓展了广阔空间。

“水桶理论”说，一个木桶是由多块木板构成，决定这个木桶盛水量的多少，取决于木桶上那块最短的木板。而我们则要说，人类的智能是多元的，成功的管道是多维的，条条大路通罗马。成功做事的方法不是只有一种，成功人生的道路也不是只有一条。一个人要想在数字经济时代从平凡走向成功，必须更新传统的、单一的成功理念，树立多元的成功理念。一个人只有认知自我，找到自我智能的强项，充分发挥木桶上最长的那块木板的作用，才能确立正确的人生发展方向。

如果说多元智能理论是认知自我、确立人生目标的依据，那么时间管理就是实现人生目标的工具。接下来，要实现人生目标，只有用好时间管理工具，高效利用时间，提高时间的效能与效率，才能够在时间的常数下做出不平凡的成绩来，尽早地实现人生发展目标。那么，什么是时间管理呢？

时间管理——实现人生目标的工具

要知道什么是时间管理，先让我们了解一下什么是时间。

什么是时间？有人说，时间是钟表的刻度；有人说，时间是岁月的脚步；有人说，时间是历史的年轮；有人说，时间是生命的历程。

有人说，时间是历史的长河，昨天是今天的历史，今天是明天的过去。有人说，时间是宇宙事件秩序的计量，时间是一切有着共同性质的连续事件的度量衡的总称，它涵盖一切运动的过程。

有人说，时间是物质运动中的一种存在方式，它是由过去、现在、将来构成的连绵不断的系统，是物质的运动和变化的持续性、顺序性的表现。

时间就是生命

鲁迅说：“时间就是性命。无端的空耗别人的时间，其实是无异于谋财害命的。”美国物理学家富兰克林提醒我们说：“你热爱生命吗？那么别浪费时间，因为时间是构成生命的材料。”

2011 年 3 月 2 日，新疆军区某部投弹训练场上，新兵营 300 多名新战士进行入伍后的第一次手榴弹实弹投掷。一名新兵由于过度紧张，投出去的手榴弹落在距他自己不到 3 米的地上，“哧哧”冒烟。现场指挥员一个箭步冲上去，将他扑入避弹坑，随着“轰”的一声巨响，尘土飞扬，弹片四射，手榴弹爆炸了。浓烟散后，新兵被指挥员从避弹坑里抱出，安然无恙。3.7 秒是一枚手榴弹从拉火到爆炸的时间，一个解放军指挥员竟然在短短的一瞬间完成了一场死生大逆转，让我们深深地体会到时间就是生命的真谛。

在医学领域有黄金 1 小时救护时间的说法。这黄金 1 小时是指患者遭遇致命创伤时，在最初的 1 小时内如果得到及时救治，就有可能获得生还或者减少致残率。

据统计，全世界每年大约有 350 万人死于事故造成的损伤，而受伤需要治疗的人数是上述人数的 100 至 500 倍。而这些人如果在 4 分钟之内，获得心肺复苏术，一般都可以救活。如果超过 8 分钟，救护的成功率只有 5%，如果超过 16 分钟，基本不能救活了。

时间来去匆匆，稍纵即逝

时间是永恒的。无论是连续状态，还是瞬时存在，它从不以人的意志为转移，只是客观实在。时间无法调节、无法贮存、无法替代，它来去匆匆，稍纵即逝，不可停止，不可逆转！著名散文家朱自清在《匆匆》一文中对时间的这一特征，给予了形象而生动的描述。

朱自清说："燕子去了，有再来的时候；杨柳枯了，有再青的时候；桃花谢了，有再开的时候。但是，聪明的，你告诉我，我们的日子为什么一去不复返呢？……早上我起来的时候，小屋里射进两三方斜斜的太阳。太阳他有脚啊，轻轻悄悄地挪移了；我也茫茫然跟着旋转。于是——洗手的时候，日子从水盆里过去；吃饭的时候，日子从饭碗里过去；默默时，便从凝然的双眼前过去。我觉察他去的匆匆了，伸出手遮挽时，他又从遮挽着的手边过去。天黑时，我躺在床上，他便伶伶俐俐地从我身上跨过，从我脚边飞去了。等我睁开眼和太阳再见，这算又溜走了一日。我掩着面叹息。但是新来的日子的影儿又开始在叹息里闪过了。"

时间是无声的脚步，它从不因为我们有许多事情来不及做完而稍等片刻；时间是无情的法官，它从不因为有的人年少无知虚度了年华而给予同情怜悯，多给他留下一分半秒。

时间是上天赋予人类最公平的资产

时间是上天赋予人类最公平的资产，并把时间交给时间老人掌管。

时间老人是一位公平无私的老人，他把一天分成24小时，每小时分为60分钟，每分钟分为60秒。每天他都会往每个生命的存折里存入24小时。他给予每个人的一分不多，半秒不少！他从不因富人富有，就多给一分；也从不因穷人贫穷，就少给一秒。

时间老人是一位智慧老人。谁珍视时间、管理时间、把握时间，他就会让谁的1秒钟、1分钟、1小时、1天、1月、1年的价值得到无限的扩大。他会让谁在1小时、1分钟，甚至1秒钟之内实现人生的最大目标，达成人生的最大心愿，让他成为财富的主人、智慧的富翁。谁漠视时间、浪费时间，他就会让谁沦为无知的奴隶、贫穷的乞丐，一生不堪回首！

秦始皇13岁即王位，39岁称皇帝，他在位37年，北击匈奴，南征百越，开疆拓土，统一六国，建立帝制，废除分封，建立郡县，统一度量衡，修筑万里长城，让书同文，车同轨，把中国推向了大一统时代。其功盖三皇，勋超五帝，成为中国千古帝王。从秦始皇一生的业绩中，我们可以看到时间的巨大作用。

美国苹果公司的创始人乔布斯，一生只有短暂的56年。但是，在这短暂的56年里，他把每一天都当作生命的最后一天，给世界留下了太多的创新传奇。他将图形界面和鼠标引入个人电脑，使个人电脑走向普及；他亲手打造iPod音乐播放器和iTune音乐商店，改变了音乐的传播方式；他带来革命性的产品iPhone苹果智能手机，给手机以新的定义。他少年得志却又被踢出自己创建的公司，但他再一次创业，最终又回到苹果公司重掌大权，让苹果公司再现辉煌。他不断突破生命的极限，创新苹果产品，改变人类生活，使世界因他而变得更加美好！

从乔布斯短暂一生的创新成果中，我们可以领略到时间的无穷魅力。一个人珍惜生命、爱惜时间，一生会过得如此辉煌灿烂！

时间赋予不同的人以不同的价值

时间赋予不同的人以不同的价值。对于科学家来说，时间就是成果；对于军事家来说，时间就是胜利；对于教育家来说，时间就是人才；对于企业家来说，时间就是财富；对于农民来说，时间就是粮食；对于医生来说，时间就是生命……

时间让不同的人体会到时间的不同价值。一个含辛茹苦的母亲，最懂得一生的价值；一个辛勤耕耘的农民，最懂得一年的价值；一个企业销售总监，最理解一个月的价值；一个进入考场的考生，最懂得一小时的价值；一个股市的投资者，最懂得一分钟的价值；一个地震中死里逃生的人，最懂得一秒钟的价值；一个获得奥运金牌的运动员，更懂得一毫秒的价值……

时间是地球上最宝贵的资源，也是地球上最稀缺的资源。聪明的人每天有了这24小时，总是千方百计地发挥它最大的利用价值。

比尔·盖茨，将这24小时的时间用于开发微软视窗，结果成为全球个人计算机软件领先供应商，其财富进入美国财经杂志《福布斯》全球亿万富豪排行榜。

股神巴菲特，将这24小时的时间投资股票市场，结果成为世界著名的投资家。2008年，在《福布斯》排行榜上，他的财富超过比尔·盖茨，成为世界首富。

李嘉诚，将这24小时的时间投资地产业，结果成为香港地区的地产王。2013年1月10日，在《福布斯》全球亿万富豪排行榜上，李嘉诚的财富已经增至300亿美元，继续稳坐香港首富的宝座。

中国航天人，将这24小时的时间用于开发航天技术，在短时间内，让中国的“神舟”号飞船一次又一次飞向太空，在浩渺的宇宙尽情地巡航。

用最少的时间创造更大的价值

时间管理的奥秘，就是用最短的时间实现人生最大的目标，以最少的时间创造人生最大的价值。

那么，什么是管理？如何搞好时间管理呢？

现代管理之父彼得·德鲁克说："管理就是界定企业的使命，并激励和组织人力资源去实现这个使命。"

对于我们来讲，管理就是通过事前的计划、事中的控制，来协调自己的有效资源，达成自己最大的人生目标的过程。管理就是把事情既要做对，又要做好，让工作和学习卓有成效。管理是一种实践活动，其本质不在于知，而在于行；其验证不在于书面，而在于成果。

中国古人说："一寸光阴一寸金，寸金难买寸光阴。"所谓时间管理，就是使用一定的方法、技巧、技术、工具等，发挥时间最大的利用价值，达成既定目标。时间要用成效来管理，用目标来管理，而不是用监督来管理。时间管理的秘诀，就是用尽量少的时间，创造出尽可能多的使用价值；在尽量少的时间里，创造出尽可能多的精神财富与物质财富。

提高办事的速度和效率，是发挥时间最大利用价值的最好方法。

"时间就是金钱，效率就是生命"是20世纪80年代深圳经济特区的开创者最早提出的口号。这口号一提出，就让人热血沸腾，立刻在深圳建设者中产生共鸣，成为开拓创新的动力、奋勇拼搏的力量。而深圳国贸大厦，就是当年深圳人时间观念的见证。

深圳国贸大厦，高160米，共53层。当年曾经是全中国第一高楼，缔造过"3天1层楼"的神话。国贸大厦从5层到10层，平均7天1层；从10层到20层，平均5天1层；从20层到30层，平均4天1层；从30层到50层，平均3天1层。1984年4月30日，国贸大厦主楼封顶，比预先工期整整提前了1个月。

从此，国贸大厦成为深圳速度与效率的标志，成为深圳人的骄傲。

坚持做正确的事，以正确的方法做事

科学管理时间，最重要的是要做好两件事：①坚持做正确的事；②用正确的方法做事。

坚持做正确的事，可以让我们走的方向正确，不走弯路，这是对时间的最大节省。如果方向不正确，花费的时间再多，也徒劳无益。

以正确的方法做事，可以提高时间最大的利用价值，用最少的时间把事情做得更好。毛泽东说："多少事，从来急；天地转，光阴迫。一万年太久，只争朝夕。"天地旋转，光阴紧迫，时不待人，事不容缓。一万年太久了，我们只能以只争朝夕的精神，来管好时间、用好时间。

所有成功人士，都是科学管理时间、高效利用时间的高手！他们清醒地知道，自己所要达成的目标是什么，所要取得的成果是什么，所要承担的责任是什么，所要实现的业绩是什么。他们能够区分什么事该做，什么事不该做；什么事在什么时间做、什么地点做。他们能够把一分钟变成两分钟，一小时变成两小时，一天变成两天。他们能够在有限的时间里做出更多更有价值的事情来。

拜大家为师，是高效利用时间的最好方法。杨振宁、华罗庚、齐白石、梅兰芳这些大师级人物，都是拜师求学取得成功的典范人物。如果我们也能够像他们一样，有幸认识几个顶尖的成功人士，将他们成功的经验和方法学过来，用在自己身上，那么我们也可以少走很多弯路，节省大量时间，就可以站在巨人的肩膀上获取成功。

然而，在我们身边没有时间管理意识的人并不少见。他们任时光虚度，坐拥平庸与失败。在我们身边，没有时间管理意识，造成麻烦不断、损失不断的事情屡见不鲜。

不会管理的笑话

美国国际商业机器公司创办人托马斯·沃森，曾经讲过下面这个不会管理的笑话。

有个年轻人从街上买了一条新裤子，回家一试穿，发现裤子长了一些。于是，他请奶奶帮忙把裤子剪短一点。奶奶说："我正在忙着做家务呢，你去找妈妈帮忙吧！"年轻人请妈妈帮忙，妈妈说："我刚刚与人约好出去办事，你去找姐姐帮忙吧！"年轻人请姐姐帮忙，姐姐说："我与男友约会的时间已到，必须马上出发，回来再说吧！"

年轻人非常失望，只好先去睡觉。忙完家务的奶奶想起孙子的裤子还没有帮忙弄好，于是拿起剪子把裤子剪短了一截；办完事情回家的妈妈想起儿子的裤子还没有帮助弄好,于是拿起剪子也把裤子剪短了一截;约会回来的姐姐想起弟弟的裤子还没有帮助弄好，于是拿起剪子又把裤子剪短了一截。

第二天，年轻人起床后拿起裤子一看，惊呼道："天哪！我的裤子怎么变得这么短了！"

时间管理的道理也是如此。不懂时间管理的人，没有统一计划，没有统一部署，没有统一安排，其结果既浪费了人力、物力和财力，又会让事情办得更加糟糕!

科学管理时间的方法很多，常用的有：计划管理、主次分配、程度优化、黄金时间惜用、零星时间巧用等方法。下面让我们对这几种方法做个了解。

一、计划管理

计划管理是高效利用时间最重要的方法之一。

什么是计划

什么是计划？通俗地讲，计划就是打算、设想、预测、谋划的意思。计划是为了实现某个目标、完成某项任务，或者为了追求效率最大化，在科学预测的前提下，对未来一定时期内的发展目标、行动方向、将做事情与实施策略等所做的统筹安排。

列宁说："任何计划都是尺度、准则、灯塔、路标。"

通过事前制订计划，可以让我们对未来一段时间的工作和学习进行统一部署和安排，知道做什么，用多少时间做，做到什么程度，达到什么目的，实现什么目标，采取什么措施，寻求哪些支持，以便合理调配资源，降低事情的变数，让自己处于工作和学习的主导地位。

计划具有预见性、针对性、可行性、约束性等特点。通过事前制订计划，可以知道未来一定时间内的发展方向、行动步骤，以减少行动的盲目性、盲动性，减少随心所欲、朝令夕改、自相矛盾，让目标具体、措施落实、行动起来有章可循，避免事情的重复、分散与失误，发挥时间的最大利用价值。

什么是计划管理

计划管理是通过计划的编制、执行、考核、调整等一系列管理活动，实现预定目标的过程。

现代管理科学认为，管理活动的内容包括：决策、计划、组织、控制四个方面。一项管理活动，一般先要作出决策，再制订计划，然后组织实施、协调控制整个过程。

计划管理可以让我们从确立目标、制订计划、执行计划、评价结果等一系列的活动中，明确未来要实现的既定目标，哪些是最重要的工作，哪些是关键性工作，如何充分挖掘潜力，如何合理利用人力、物力、财力、时间等资源；如何协调各方关系，如何提高计划的执行效率；如何编制、检查、调控与修改计划。

1. 计划是行动的纲领

计划是行动的纲领。凡事预则立，不预则废。通过制订计划，我们可以明确奋斗的目标和行动的步骤，大大提高时间的利用价值，提高工作和学习的效率。

有明确的目标与计划，工作量可提高50到100倍

美国作者格莱恩·布兰德在《一生的计划——如何卓有成效地树立目标和制订计划》一书中说："目标和计划是通向快乐与成功的魔法钥匙！所有人当中，只有3%的人有目标和计划，并且把它们写了下来；还有10%的人有目标和计划，但把它们留在脑子里；剩下的87%的人，在生活中随波逐流，没有确定的目标和计划，他们不知道自己要去往何处，并且由别人向他们发号施令。有明确的目标和计划并且把它们写下来的人，在他们的一生中完成的工作量是那些有目标和计划但留在脑子里或纸上的人的50到100倍。"

格莱恩·布兰德是美国联合财务公司的董事会主席和首席执行官。布兰德本人就是通过制订计划取得成功的典范。

他在导师拿破仑·希尔的激励下，给自己制订了一个计划：要白手起家，开创自己的保险事业，在美国建立一个规模最大而且最成功的人寿保险销售组织。五年以后，他的公司成为全美最大的人寿保险销售组织之一。

布兰德说，他的成功在于他知道如何树立目标，如何制订计划，如何开始行动。他的世界是一个行动的世界。在这个世界里，他让目标明确，让美好的事情在行动中得以实现，并且让人们从中获得好处。

在制订生涯规划上布兰德有两点体会：①拥有目标和计划的人向别人发号施令，没有目标和计划的人被别人发号施令。②成功的技术和方法在改变，但原则从不改变。

布兰德认为，上天在所有存在的事物之间建立起了一种秩序，如果我们在这些自然法则的界限以内计划自己的人生，就能够获得快乐和成功。如果在这些自然法则之外生活，就无法得到安宁、财富、愉悦和健康。而生活中最好的东西是大自然无偿地赋予我们的。

所有成功者都是制订计划的高手，他们总是在行动之前就确立了奋斗目标，制订好了行动计划。

美国《富爸爸》一书的作者罗伯特·清崎，为了实现年轻而富有地退休的人生目标，也为自己制订了一个白手起家的人生计划。这个计划包括目标和时限。他计划在十年内完成这个计划，实际上，他只用了九年时间就完成了。虽然刚开始的时候他一无所有，但是到了完成计划的那年，他仅仅依靠自己的投资，就完全实现了财务自由，而退休时他只有 47 岁。

制订计划 1 小时，执行省时 3 小时

管理学家指出，正确的时间管理原则是事先制订计划。俗话说：磨刀不误砍柴工！如果我们在制订计划时花费 1 小时，在执行时就会节省时间 3 至 4 小时，甚至节省更多的时间和精力，而且还能够把工作和学习做得更好。

但是，并不是所有人都明白这个简单的道理。

据说，有个身强体壮、力大无比的青年伐木工被派到森林里去砍伐树木。第一天，他一口气砍倒了 10 棵树；第二天，他比第一天更加努力，结果只砍倒了 6 棵树；第三天，他起了个大早，使尽了全身的力气，才砍倒了 2 棵树；第四天，他累得筋疲力尽，才砍破了一棵树的一点皮。

有个老人在一旁观察了几天，问他道："小伙子，你为什么不磨快了斧头再来砍树呢？"青年伐木工极不乐意地回答："你没看见我正忙着吗？"

在我们身边有不少人也类似这个青年伐木工。他们不屑于确立自己的人生发展目标，不肯花费一点时间制订自己的人生发展计划。他们总是匆匆忙忙地埋头苦干、辛辛苦苦地拼命硬干，结果一次又一次发现所做的事情并不适合自己，因此无法继续做下去，于是草率退出，再一次作新的选择。时间就这样一次又一次被毫无价值地浪费掉了。

计划管理要以目标为导向，以成果为标准

如何搞好计划管理呢？计划管理要以目标为导向，以成果为标准。西汉文学家刘向在《战国策》中讲述的"南辕北辙"的故事，对于我们搞好计划管理有很好的启示作用。刘向在故事中说：

季梁在大路上遇见一个人，季梁问他："你想到哪里去？"这个人告诉他说："我想到楚国去！"

可是季梁发现他的车却正向北方走。于是季梁问他说："既然你想到楚国去，可是你为什么往北走呢？"他说："我的马好！"

季梁说："你的马虽然不错，但这也不是去楚国的路呀！"这个人又说："我的路费多！"

季梁说："即使你的路费再多，但这不是去楚国的方向！"这个人又说："我的车夫善于赶车！"

季梁告诉他说："你这几样越好，反而会让你背离自己的目标越远！"

这个故事告诉我们，计划管理一定要以目标为导向，坚持行动与目标一致的原则。如果行动与目的背道而驰，只会南辕北辙，离目标越远。

计划管理要以建立目标为起点，以实现目标取得成果为终结，整个

管理过程分为事前、事中、事后三个阶段。

（1）事前管理：主要是建立目标，对计划的科学性、可行性、可靠性进行审核。

（2）事中管理：主要是实施目标，对计划执行过程进行跟踪，对执行过程中出现的偏差，做到超前预测，及时防范，确保计划正确地贯彻落实。

（3）事后管理：主要是指在计划实施完毕之后，评价所取得的成果或成效，总结经验，吸取教训。

这三个管理阶段要做到：建立目标，分解目标，让目标明确、任务具体、措施落实、执行有序、及时调控，每步有每步的成效，阶段有阶段的成果。

2. 制订三种计划

每个人一生都需要制订三种计划。这就是长期计划、中期计划与短期计划

长期计划：十年以上的发展规划

长期计划，是人生的远景规划或发展设想，是一个人十年或十年以上的发展规划。长期计划具有方向性、全局性、宏观性、前瞻性特征。长期计划可以让我们知道自己一生奋斗的目标是什么，主攻方向是什么，最终创造的成果是什么，水平达到什么程度，全程分为几个阶段实现。

有了长期目标，每年、每月、每天都有了可以遵循的行动轨道，沿着成功轨道前行，就不至于迷失方向。

有了长期目标，还可以让我们凝聚所有的聪明才智，有目的、有计划地开发个人资源，有效调配资源，合理利用资源，减少行动的盲动性和随意性，让工作、学习和生活变得紧张而有秩序。

制订长期计划的核心是人生价值定位。在制订长期计划时，我们要充分了解自我，知道什么对于自己来说是最重要的，自己的人生目标是什么，实现人生目标应当采取什么策略、制订什么措施、开展什么行动。

在制订长期计划之前，我们要回答下面三个问题：

（1）我希望将来在什么地域范围内发展？

（2）我希望将来在什么行业领域里发展？

（3）我希望在这些领域里取得什么样的成绩？

在执行长期计划的过程中，我们还要经常评定自己对计划的执行能力，让自己不断看到成绩，找出差距，增强信心，完善措施，调整部署，不断前进。

长期计划并不是某种随意的推测，而是创建在一系列可行性选择的基础之上。这种选择要尽可能贴近自己的未来，经得起时间的考验。未来是未知的，是充满风险的，要降低未来的风险，就必须具备能力、远见、经验、直觉与判断力。要具备这些能力，我们从现在开始就要努力学习，不断提高自己。

长期计划不可能一成不变。随着岁月的流逝，知识的更新，社会环境的改变，长期计划还要作适当调整。在执行过程中，我们要对长期计划不断地修改完善，使之更加符合自己的实际情况，更加切实可行。

长期计划是制订中、短期计划的纲领，决定着中、短期发展目标和基本任务。同时长期计划又通过中、短期计划将目标具体化。所以制订长期计划，我们不仅要预测未来、创造未来，而且还要平衡长期与中期、长期与短期计划的关系，将三者紧密结合，相互衔接。

中期计划：三至五年的发展目标

中期计划，是一个人三至五年的发展目标。中期计划是在长期目标的总体部署下对长期目标的具体化，是对长期目标的近期规划。

中期计划一般以三至五年为周期，来确定近期的发展方向和直接成果。中期计划设定有年度指标，这些指标又是制订短期计划的依据，所以中期计划是长期计划和短期计划设定的中介。

中期计划的内容主要包括：中期目标、基本任务、重大事项、主要措施、实施办法、进度安排等。

中期计划应当具备科学性，尽可能准确地预测未来的情况，明确中期内各项目标的优先顺序。

短期计划：一年内的行动计划

短期计划，是一年内的行动计划。短期计划是根据中期计划规定的任务，分年度做出的具体安排，是对中期目标的落实。

短期计划可以让我们在一年之内积极采取行动，充分挖掘潜力，很快看到成效。短期计划的拟定，要结合上一年度或者当年的实际情况，拟定具体的行动措施，规定一年内开展哪些活动，完成哪些任务，达到何种要求。根据短期计划的执行情况，及时总结经验、吸取教训、发现问题、解决问题。

编制计划的要求和原则

计划的编制要遵循预见性、目的性、可行性和约束性四个基本要求和原则。

所谓预见性，就是在行动之前对行动的任务、目标、方法、措施所做出的预见性确认。这种预想不是盲目的、空想的，而是以自己的实际条件为基础，以自己过去的成绩和问题为依据，对今后自己的发展趋势做出的科学预测。可以说，预见是否准确，决定了计划制订的成败。

所谓目的性，就是要明确计划需要解决什么问题，为什么要解决这个问题，怎么解决这个问题。即做什么？为什么做？怎么做？做什么是计划的目标、任务、指标和要求；为什么做，是对基本情况的分析，是计划的指导思想；怎么做，是完成计划的措施、办法和步骤。计划能否顺利实施，关键要看计划的目的是否明确。

所谓可行性，就是计划的制订要从自身实际出发，量力而行。如果计划的目标定得过高，无力实施，计划就成了空中楼阁；反之，目标定得过低，措施方法都没有创见性，目标实现很容易，但不能取得有价值的成就，也算不上具有可行性。

所谓约束性，是指所制订的计划一经认定，就具有约束作用，必须按照计划的内容开展工作和活动，不得违背和拖延。

另外，计划的编制要有程序性和可操作性。计划是遵照执行的条文，所以在编制计划的时候，要把计划的任务、措施、办法，分条一一列出，做到结构清晰、层次分明。要在确立人生长远发展目标的基础上，确定阶段性发展目标，并且还要限定各级目标完成的时间期限以及具体项目的时间进程，让计划的实施具有可操作性。

美国拉福商贸公司创始人比尔·拉福的人生发展规划，可以作为我们编制中、长期计划的借鉴。

制订人生发展规划的事例

美国有一位名叫比尔·拉福的人，在他中学毕业的时候，父亲发现他机敏果敢，敢于创新，具有特殊的商业天赋，但缺乏社会阅历，没有经验，尤其缺乏相关知识。父亲与比尔·拉福进行了一次长谈。他们在仔细分析研究各方面情况后，达成共识，拟订了比尔·拉福的长期发展规划。

首先，他们确立了比尔·拉福一生发展的目标——成为商贸领域里的成功人士。为了实现这一人生目标，他们设立了一系列的中期学习目标，并将这一目标分为四个发展阶段。

第一阶段：攻读工科学士。

通过在麻省工学院攻读机械制造专业的四年学习，比尔·拉福具备从事商贸工作的必备专业知识。比如，他了解了产品的性能和生产制造情况，掌握了相关的知识技能，训练了严谨求实的逻辑推理能力，形成了脚踏实地的工作态度。在这四年中，比尔·拉福还选修了化工、建筑、电子等专业课程，这些知识为他后来的商业活动创造了可观的经济价值。

第二阶段：攻读经济学硕士。

通过在芝加哥大学攻读经济学硕士三年的学习，比尔·拉福了解了市场经济下一切经济活动都要通过商业活动进行，熟悉了影响商业活动的众多因素，知道了商业活动的社会地位和作用，懂得了要立足商海必须了解经济规律、掌握经济学的基本知识。在这三年的学习中，他还认真学习了经济法，并将主要精力放在微观经济活动的管理知识的学习上。

几年下来，他对会计、财务管理了如指掌，在知识上完全具备了经商的素质。

第三阶段：做公务员。

五年的公务员工作经历，让比尔·拉福从一个稚嫩的青年成长为一个深谙世故的公务员。在环境的压迫下，他树立起强烈的自我保护意识，并结识了各界人士，建立起一套关系网络。他非常善于利用这些网络获得丰富的信息和便利的条件。

第四阶段：进入企业，熟悉业务。

进入通用公司两年的工作锻炼，他掌握了商情与商务技巧。之后，他谢绝了通用公司的高薪挽留，开办了拉福商贸公司，开始了他梦寐以求的商人生涯。

比尔·拉福的这一长期发展规划，经历了四个学习阶段，长达十四年之久，每个阶段目标明确，任务具体。由于在制订计划之前，他对自己的兴趣、爱好、特长等有一个清晰的认识，所以对未来的发展目标定位十分准确。每个阶段的学习目标，都是以总的人生目标所需要具备的素质为出发点，科学规划，统筹安排。因此，当阶段性学习目标达成之后，比尔·拉福已经具备了成功商人所应具备的所有条件。据说，比尔·拉福经营得出奇顺利，二十年后，拉福公司的资产从最初的20万美元发展到2亿美元。

制订长期计划，要综合考虑多种因素：既要考虑个人的学识、兴趣、爱好、特长、身体状况、家庭条件、社会需求等，还要考虑自己一生的主攻方向是什么？最终创造的成果是什么？全程分几个阶段性目标来实现，等等。

每年年末，我们要在总结上一年度工作的情况下，制订出下一年度的学习计划或工作计划；每月月末，我们要制订出下一个月的学习计划或工作计划；每周周末我们要制订出下一周的学习计划或工作计划。只有制订好这些计划，并积极行动，付诸实施，才能让时间产生真正的价值，让时间发挥更大的作用。

3. 做好人生定位

制订计划，事先要做好人生定位。什么是人生定位？下面的小故事，或许能够帮助我们理解。

什么是人生定位

从前有座山，山上有座庙，庙里有一老一少两个和尚。有一天，小和尚突然问老和尚：“师父，您说我人生最大的价值是什么呢？”老和尚说“你要知道自己人生的最大价值，这要看你有什么样的人生定位。”小和尚问：“什么是人生定位呢？”老和尚说：“你到寺庙后面的山上，搬一块大石头下来，明天早上，你把它拿到集市上去卖。假如有人问你要多少钱，你不要讲话，只要伸出一个手指就行了。假如他要跟你讨价还价，你还是不卖。等你把石头抱回来，师父再告诉你什么是人生定位。”当天，小和尚遵照老和尚的吩咐，从山上抱回来一块大石头。

第二天一大早，小和尚抱着大石头呼哧呼哧地跑到山下集市上去卖。一会儿，一位手提菜篮的农家妇女走过来问道：“小和尚，你这石头卖多少钱？”小和尚伸出一个指头。农家妇女说：“1 块钱？”小和尚摇摇头，农家妇女说：“10 块？好吧，10 块就 10 块，我家压制泡菜正缺一块大石头呢。”小和尚听了，心想，一块普通的石头，居然有人出 10 元钱来买。小和尚按照老和尚的吩咐没有卖，把它抱回了寺庙，并把今天卖石头的经过告诉了老和尚，然后问道：“师父，现在您可以告诉我什么是人生定位了吗？”老和尚说：“不着急，明天早上，你把这块石头拿到博物馆门口去卖，假如有人问价，你依然伸出一个手指。如果他跟你还价，你还是不卖，把石头抱回来我再告诉你。”

第三天一大早，小和尚抱着大石头来到博物馆门口。一个人走过来问：“小和尚，你这块石头卖多少钱？”小和尚伸出一个手指，那人说：“100 块？”小和尚摇摇头，那个人说：“1000 块？好吧，1000 块就 1000 块吧，我刚好用它来雕尊佛像。”小和尚依照老和尚的吩咐，还是不卖，又把它抱回了寺庙，并把今天卖石头的经过告诉了老和尚，然后问道：

“师父，您现在可以告诉我什么是人生定位了吗？”老和尚笑了笑说：“不着急，明天你再把这块石头拿到古董店门口去卖。如果有人还价，你还是不卖，把它抱回来。回来后，师父一定告诉你什么是人生定位。”

第四天一大早，小和尚抱着大石头来到古董店门口。有个人走过来问：“小和尚，你这块石头卖多少钱？”小和尚伸出一个手指。“1000块？”小和尚惊诧得一声尖叫，那买主以为自己出价太低，吓住了小和尚，连忙改口说：“10000 块？好吧，10000 块就 10000 块吧，它应该有收藏价值！”听到这里，小和尚赶紧抱起大石头，气喘吁吁地跑回寺庙，对老和尚说：“师父，师父，有个施主竟然出价 10000 块买这块石头！现在，您可以告诉我什么是人生定位了吗？”

老和尚用手摸着小和尚的小脑袋，和蔼地说：“徒儿，人生价值就像这块石头一样，就看你把自己摆放在什么位置。你看，这块石头，你把它摆放在集市上，它只值 10 块钱；你把它放在博物馆，它值 1000 块钱；你把它摆在古董店，它值 10000 块钱！一个人的人生价值到底有多大，这就要看你把自己摆放在什么位置。这就是人生定位。”

人生定位是我们在对自我智能结构特点认知的前提下，自我制订的人生发展规划和生存策略。人生定位是一个人生存发展与资源分配的最高指导原则。

人生定位的借鉴

如何搞好人生定位呢？下面列举的事例，虽然属于成功企业的战略定位，但对于我们的人生定位，同样有启发与借鉴作用。

联想集团董事局主席柳传志说：“制订战略、执行战略既是科学，又是艺术。制订战略、执行战略，要全面考察客观的情况、市场的变化、竞争对手的情况，又要分析了解自己内部的情况，信贷、开发、生产、销售的能力，以至于公司的企业文化、员工的精神面貌，把这些东西融在一起。考虑如何制订和执行战略，很像指挥一个庞大的交响乐团，指挥得好，才能使乐章充满感情，从这个角度来说，管理是艺术。但在这个交响乐团中的每一把小提琴、每一把小号，都必须严格地照乐谱演奏，丝毫不能出错，从这个角度上讲，管理就是科学。”

人生定位，我们也要全面考察社会的发展变化，市场的需求情况、竞争对手的情况，还要仔细分析自己个人的实际情况。

管理学家迈克尔·波特，是当今世界上竞争战略和竞争力方面公认的第一权威。他的“五种竞争力量”和“三种竞争战略”理论，是企业战略定位理论，也可以作为我们人生定位的参考与借鉴。

波特认为，一个行业中的竞争，不只是在原有竞争对手中进行，而是存在着五种基本的竞争力量：

（1）潜在的行业新进入者；

（2）替代品的竞争；

（3）买方讨价还价的能力；

（4）供应商讨价还价的能力；

（5）现有竞争者之间的竞争。

这五种基本竞争力量的状况及综合强度，决定着行业竞争的激烈程度，决定着行业中最终的获利潜力，决定着资本向本行业的流向程度，这一切最终决定着企业保持高收益的能力。

在与这五种竞争力量的抗争中，蕴涵着三类成功型战略思想：

（1）总成本领先战略；

（2）差异化战略；

（3）专一化战略。

所谓总成本领先战略，就是要求建立起大规模的生产设施，在经验的基础上，全力以赴，降低成本，抓紧成本与管理费用的控制，最大限度地减小研究开发、服务、推销、广告等方面的成本费用。为了达到这些目标，贯穿于整个战略之中的便是使成本低于竞争对手。公司成本较低，意味着当别的公司在竞争过程中失去了利润，本公司依然可以获得利润。一旦公司赢得了这样的地位，所获得的较高的边际利润，又可以重新对新设备、现代设施进行投资，来维护成本上的领先地位。而这种再投资，往往是保持低成本状态的先决条件。

所谓差别化战略，就是将产品或公司提供的服务差别化，树立起在全产业范围中具有独特性的东西。实现差别化战略，有许多方式。比如，名牌形象、技术、顾客服务、商业网络等方面的独特性。最理想的情况是公司在几个方面都有差别化特点。如果差别化战略成功实施，就能够在一个产业中赢得高水平的收益，建立起积极的防御阵地。

所谓专一化战略，是指主攻的是某个特殊的顾客群、某产品线的一个细分区段，或者某一地区市场。专一化战略，前提是公司业务的专一化，通过满足特殊对象的需要，更好地为某一战略对象服务，来超过竞争对手，使赢利的潜力超过产业的普遍水平，从而使公司能够抵御各种竞争力量的威胁。专一化战略可以有许多形式，但专一化战略的整体却始终围绕着为某一特殊目标服务这一中心建立，它所开发推行的每一项职能化方针都要考虑这一中心思想。

波特认为，每个公司必须明确这三种战略。因为有时企业追逐的基本目标可能不止一个，但实现的可能性很小。贯彻任何一种战略都需要全力以赴，都需要有一个支持这一战略的组织安排。如果企业的基本目标不止一个，资源将被分散。如果公司徘徊在这三种战略之间，情况会很糟糕。因为要摆脱令人不快的状态，往往需要花费更多的时间，需要经过长时间的持续努力。如果公司相继采用这三个战略，则注定会失败。因为它们要求的条件是不一致的。

人生定位的道理也是如此。在给自己人生定位的时候，我们也要明白这些道理。在激烈的生存竞争中，要使自己一生处于安全有利的地位，我们也要认真想一想，自己的竞争对手主要来自哪里，自己要采取什么策略来应对竞争。

邓迪·埃伯索尔是美国全国广播公司体育台老板。他曾经用了 6 个星期的时间，制订了一项惊人的计划，就是用 35.5 亿美元，买下从 2000 年到 2008 年的奥运会（包括冬季奥运会）在美国的电视转播权。他的战略依据十分简单，就是重大赛事能够引起广大公民的兴趣，提高电视台的收视率。

大学生的人生定位

有一个高中毕业生考取了一所重点大学。他知道要搞好人生定位，首先要填报好专业志愿。这个同学十分喜欢计算机，但不知道这个领域的发展前景怎样。于是，他打电话向这个领域的一位资深教授请教。教授告诉他："这个领域是朝阳产业，有很大发展空间，至少二十年内不会落后。"听了教授对这个领域的分析，这个同学决定将计算机作为自己选定的专业。

这一人生定位，不仅让这个同学大学毕业后很快找到了理想工作，而且在这个领域工作得几乎是一帆风顺，并且取得了很大成绩。

战略定位的教训

历史上，在战略定位的选择上，曾经有过深刻的教训。

据说，20 世纪 50 年代，在半导体技术上，美国和苏联起步相差无几。但是，后来两国产业技术水平及产品生产能力却有天壤之别。原因就是苏联没有将研发的重点力量投入到半导体上。日本在 20 世纪 80 年代开始与美国的差距拉大，其中一个重要的原因就是：日本没有意识到数字化技术在 20 世纪末的重要性。

人生定位如同企业的战略定位一样，我们需要学习别人的成功经验，汲取别人的失败教训，建立自己的人生定位。同时，还需要了解自我，了解自我的资源和自我的需求，明确自己当前所处的位置。

人生定位要预测前提条件。所谓前提条件，就是人生定位的环境。前提条件可以分为：外部前提条件和内部前提条件；不可控条件、部分可控条件和可控条件。

外部前提条件大多是不可控的和部分可控的条件。不可控前提条件越多，不确定性越大，越需要通过事前预测确定其发生概率和影响程度的大小。内部前提条件大多数是可控的条件。我们只有对前提条件做到心中有数，才能让人生定位切实可行。

人生定位的自我问答

在人生定位之前，我们首先要问自己几个问题：

（1）我希望过什么样的生活？

（2）我想做哪一类工作？

（3）我想承担什么样的责任？

（4）我想为社会做出什么样的贡献？

（5）我想让自己变得有学问吗？

（6）我怎样才能让自己获得心理的平静？

（7）我想让自己取得什么样的成就？

（8）我当前的位置在哪里？

……

要了解自己当前所处的位置，要考虑清楚以下问题：

（1）我当前的生活状况怎样？

（2）我当前的学习状况如何？

（3）我对当前的处境满意吗？

（4）是什么东西让我不满意？

（5）我想改变当前的处境吗？

（6）我有改变当前处境的能力吗？

（7）我怎样改变当前的状况？

二、主次分配

时间管理的目的，不是要把所有的事情都做完，而是在于学会科学地分配时间，分清什么事情是主要的，什么事情是次要的；决定什么事情该做，什么事情不该做；什么事情要给予充分的时间做，什么事情要用最少的时间做，以减少无意义的事情占用时间，让工作和学习变得更加富有成效。

电视连续剧《士兵突击》中，许三多有一句名言："好好活就是做有意义的事情。"时间管理的精髓也在于：主次分配，永远先做最重要的事，永远先做最有意义的事情。

高效管理者总是坚持把最重要的事情放在前面做。我们永远没有时间做好每一件事情，但是一定有时间做好最重要的事情。

决定事情主次的原则是：重将来，而不是重过去；重机会，而不只是看到困难；选择自己的方向，而不是盲目地跟从别人。

1. 永远先做最重要的事情

分清事情的主次，永远先做最重要的事情，是高效利用时间最有效的方法之一。做事情如同弹钢琴一样，十个指头同时都按下去，分不清主次，弹不成调子，想产生优美的音乐是不可能的。做事情也是如此。对最重要的工作要放在第一时间去做，不但去做，而且一定要抓紧时间做对、做好。只有时间抓得很紧，毫不放松，才能做出成效、做出成绩来。

那么，如何做到主次分配呢？

将大石头先放进罐子里

在一次学习班上，老师做了一个实验。他让同学们认真观察他的每一个动作，并认真回答他提出的问题。

老师先从桌下拿出一只大口罐子放在桌子上，然后，又从桌下拿出一块大石头，放进大口罐子里，然后问同学们：“罐子装满了吗？”同学们看了看后，齐声回答道：“装满了！”

老师说：“请再仔细观察。”接着，老师又从桌下拿出一桶小石子，倒进了罐子，摇了摇，小石子纷纷落入大石头的空隙。老师问：“装满了吗？”同学们想了想说：“不一定。”

老师说：“很好。”说完，老师又从桌下拿出一小桶沙子倒入罐子，摇了摇，沙子纷纷落入大小石头的缝隙中。老师又问：“装满了吗？”同学们齐声答道：“没有。”

老师说：“好极了。”说着，又从桌下端出一杯水倒进了罐子里，再次问道：“装满了吗？”同学们高声回答道：“装满了！”

老师问："这个试验说明了一个什么道理呢？让我们想一想：如果先放进去的是沙子和水,那么大石头还能够再放进去吗？""当然不能！"同学们齐声答道。

老师说："时间的利用也是如此。如果我们每天总是让细小的、毫无意义的琐事占满了我们每天的日程，那么与实现最终目标密切相关的大事还能够插进去吗？许多人一生忙忙碌碌，却无所作为，既没有取得骄傲的成绩，也没有值得回味的东西，究其原因就是他们一直不知道这个简单的道理。其实，用时间与用金钱的道理一样。当我们拥有了大笔金钱的时候，我们可以用它来买房子、买汽车，用它来搞投资。如果我们只有微薄的一点小钱，我们用它来干什么呢？最好用它来维持生活，买必需的生活用品。"

那么，如何判断什么是最重要的事情呢？

判断最重要的事情的依据

"用死亡来提醒自己"是美国苹果公司创始人乔布斯判断最重要的事情的工具。乔布斯认为，提醒自己快要死了，那时候，最重要的东西就会留下来。因为几乎每件事，如外界的期望、自己的名誉、面对的困窘、失败的恐惧等，在死亡面前会全部消失。有些东西生不带来，死不带去，为什么不顺心而为呢？

判断最重要的事情的依据有三条：

（1）看是否符合自己的价值观。以自我人生价值观作判断依据，就可以分清事情的主次，抓住事情的重点，做好时间资源的分配。

（2）看能否让自己看到希望。

（3）看能否带给自己最大的快乐和成就感。

衡量最重要的事情最简单的方法，就是每天在做事之前问自己三个问题：

（1）我需要做什么？哪些事情非做不可，又必须亲自去做？

（2）什么事情能够给我带来最高的回报？把时间和精力集中在能够给自己带来最高回报的事情上。

（3）什么事情能给我带来最大的快乐和成就感？在能够给自己带来最高回报的事情中，优先安排能给自己带来最大快乐和成就感的事情上。

知道了如何判断最重要的事情的方法后，接下来就要集中时间、集中精力，下定决心紧紧抓住最重要的事情，并且把它做好！

那么，如何先做最重要的事情呢？美国效率专家艾维·利的做法，给我们提供了有益借鉴。

一个小厂的崛起

美国一家钢铁公司的总裁找到效率专家说："我知道自己的目标，但不知怎样更好地执行计划、实现目标。希望您能够对我提供帮助。"

效率专家说："我可以给您一个建议。认真执行这个建议，您可以在 10 分钟之内，把公司的业绩提高 50%。"说完，效率专家递给总裁舒瓦普一张空白纸条说："请您在这张纸条上写下你明天准备要做的最重要的 6 件事。"

总裁用了 5 分钟，写完了 6 件事。

效率专家接着说："请您按照每件事情对于公司的重要程度用数字标明它们的先后顺序。"

总裁用了 5 分钟标完。

效率专家说："好了，现在请您把这张纸条放进您的口袋。明天早晨上班，您的第一件事就是把纸条拿出来，先看第一项。记住，不要看其他的，只看第一项！然后，着手办理第一件事，直到完成为止。然后，再用同样的方法办第二件、第三件……直至下班为止。如果您只做完了前 5 件事，或者前 4 件事，那也没关系，因为您总是在做最重要的事！"

效率专家接着说："坚持每天都这样做！您刚才看见了，只用了10 分钟。当您对这个方法深信不疑之后，再让公司所有员工都这样做。这个试验您想做多久就做多久。您认为这个点子值多少钱就给我多少钱。请寄一张支票来就行了！"

整个会见，历时不过 30 分钟。

一个月后，总裁给效率专家寄去了一张 2.5 万美元的支票，并附有一封信。总裁在信中说："从钱的观点看，那是他一生中最有价值的一课。"

五年后，当初这个不为人知的小钢铁厂，一跃成为了世界上最大的独立的钢铁厂之一。这当中，效率专家"永远先做最重要的事情"的时间管理法则，对钢铁厂的崛起起到了至关重要的作用。

2. 遵循四象限法则

科学管理时间的目的，不是要把所有事情都做完，而是要学会做出决定：什么事情应该做，什么事情不应该做。学会用最少的时间和精力做更多应该做的事情，减少行为的盲目性和无章法现象。人的思维只有在正确地反映客观事物的时候，才是最经济的。

大凡事业上取得卓越成就的人，都是时间管理的专家。

只考虑物体的质量和时间

牛顿力学是高度简便的科学。本来物体各有各的体积和形状，这体积大大小小，这形状千姿百态。牛顿在研究力学时，为了不使研究工作变得繁杂艰苦和费力，于是，他不考虑物体的体积和形态问题，而只考虑物体的质量和时间，即位置和速度的关系，提出了"质点"的概念，这样问题就好解决多了。

付出代价越少，正效率越高

南京大学林德宏教授认为，效率的前提是成功，效率是成功的效率，即"正效率"。同样是成功，付出的代价越少，"正效率"越高；同样是失败，付出的代价越多，"负效率"就越高。

成功不能取代效率问题。人的思维如果能够正确地反映世界，这相对于错误而言的确是"经济的"。但同样是正确的反映，也有一个付出多少代价、交多少"学费"的问题。我们的思维不仅要求真，而且还要求巧。

时间管理四象限法则

史蒂芬·柯维是美国著名的管理学大师，被美国《时代周刊》评为

20 世纪影响美国历史进程的 25 位人物之一。柯维提出了时间管理“四象限”法则。他把事情按照重要和紧急两个不同程度，分为四个“象限”：

第一象限，既紧急又重要的事情。

什么是既紧急又重要的事情呢？就是立即会影响到生命财产安全的，立即会影响到国家安危和个人切身利益的突发事件。如抗震救灾、抗洪抢险、安全事故、重大疾病、打击恐怖活动等。这类事情人命关天，必须立即采取行动，尽量在最短的时间内以最快的速度处理好。

第二象限，重要但不紧急的事情。

什么是重要但不紧急的事情呢？一切具有重大价值的事、上级领导关注的事、会影响到个人长期利益和事业发展的事。如自己的工作、学习、高考、课题研究、出国考察、复习考研，职称评定、孩子早期教育等。

“四象限”法则的一个重要观念，就是把主要精力和时间，集中放在处理重要但不紧急的任务上，做到未雨绸缪，防患于未然。虽然这类事情在短期内不会看到效果，但其影响深远，体现的是我们中、长期的效益。

如果对这类事情事先做好规划，妥当安排时间，将为我们赢得成功争取时间和机遇。如果缺乏有效计划，这些本来重要但不紧急的事情也将转变为紧急又重要的事情，使自己陷入重重压力之中。

通常情况下，人们都会最先处理紧急的事，而不是重要的事，所以许多人成为了时间的奴隶。要想成为时间的主人，我们就要学会把重要的事情放在第一位处理。根据“二八原则”，任何重要事情只有 20%，其余 80%都是不重要的。要将 80%的时间放到处理这 20%的重要事情上来，才能发挥时间的最大作用。

第三象限，紧急但不重要的事情。

什么是紧急但不重要的事情呢？比如，接听电话、接待不速之客等。

一般人的时间管理观念，总是以事件的紧急程度来划分事情的优先级。只要是紧急的事，就会马上处理。这类事情由于事前无法预知，我们必须放下手里的重要工作，马上办理或者接待。因此，许多人整天忙于应付这些紧急但不重要的事，忙得焦头烂额，却没有丝毫的成就感。

对于这类事情，最好的办法就是：尽可能地让他人去接电话，让空闲的人去陪不速之客。如果自己非做不可，也要在最短的时间内完成，不能拖泥带水。

第四象限，既不紧急也不重要的事情。

什么是既不紧急也不重要的事情呢？比如，闲聊、闲逛、看电视、打麻将等。这类事情不做，无碍大局；偶尔玩一下，调剂调剂大脑，放松放松身体，也是件好事。如果一天到晚沉迷于这些事情，不仅不可能带给我们任何价值，还会消磨时间，伤害身体。因此，对这类事情要合理安排，委婉谢绝，适当推托，甚至舍弃不做。

这四个象限的区别在于：

第一象限和第二象限的事情都重要。二者的区别在于：一个是要在短期完成的事情，一个是要长期坚持不懈地做好的事情。

第一象限和第三象限的事情都紧急。二者的区别在于：前者能够带来价值，实现某种重要的目标，后者却不能。

遵循四象限时间管理法则，才能提高做事的效率。

3. 坚守“二八原则”

分清主次，永远先做最重要的事，要坚守“二八原则”。

什么是“二八原则”呢？“二八原则”，又名帕累托定律，又叫80/20定律、最省力法则、不平衡原则等。

“80/20定律”

“80/20定律”，是19世纪末和20世纪初由意大利经济学家帕累托提出。帕累托发现，在因和果、努力和收获之间，普遍存在着不平衡关系。在任何一组东西之中，最重要的通常只占其中的一小部分。其典型情况如下：

80%的收获，往往来自于20%的努力；其他80%的努力，常常只带来20%的收获。

80%的成果，往往由 20%的事情带来；其他 80%的事情，常常只带来 20%的成果。

80%的任务，往往在 20%的时间里完成；剩下 20%的任务，常常需要用 80%的时间来完成。

80%的人生价值，往往由 20%的人际关系带来；但是，我们对这 20%的人际关系所付出的关注远远不到 80%。

这一规律在现实生活中也普遍存在。比如：

在超市里，80%的收入，主要来自 20%的顾客；

在工厂里，80%的利润，主要来自 20%的产品；

在企业里，80%的收益，主要由 20%的员工创造；

在股票投资中，80%的财富，主要来自投资的 20%的股票。

这些现象揭示了一个规律：80%的价值往往集中在 20%的组成部分中。这就是“重要少数”与“琐碎多数”之间的辩证关系，这就是著名的“80/20 定律”。

“80/20 定律”对于我们最重要的启示是：避免将时间花费在琐碎的、多数的小事上面。因为即使在这些琐碎的小事上，花费 80%的时间，也只能获得 20%的成效。而将时间用在重要的少数问题上，我们只要付出 20%的时间，就能够获得 80%的成效。

高效做事的重要原则就是：在有限的时间里，实现目标最大化。在时间管理里，我们可以这样问一问自己：我们的付出，究竟是期望得到 80%的任务，还是想获得 80%的收获呢？显然，我们的付出是为了要获得那 80%的收获。

运用“80/20 定律”，可以实现目标的最大化。对于能够给我们带来 80%收获的任务，虽然它仅占一小部分，我们却必须分配更多的时间、更多的精力、更多的资源给它，更应该注重对它的管理，否则那 80%的收获就会落空。

按事情的轻重缓急列好清单

时间管理的重点是做好日程安排。在每日的安排中，最重要的就是要列好每日办事清单。所谓办事清单就是将每天要做的事情一一写在一张纸上，然后，按重要程度排出优先次序，并规定每件事情完成的时间。

根据“80/20 定律”，我们可以将一天需要完成的任务，按照轻重缓急分成等级并排列出来。

将最重要而最迫切的事情列为一等；

将重要但不紧迫的事情列为二等；

将紧迫而不重要的事情列为三等；

将既不紧迫又不重要的事情列为四等。

一等的事安排较多的时间，或者在精力最充沛的时候去做；

二等的事次之；

三等的事安排在零星时间里做，或者不做具体安排，有时间就做，没时间就不做；

四等的事干脆不做。

坚持每天列办事清单，可以让我们每天坚持先做最重要的事，并且干好一件了一件。每日办事清单最好每天在固定的时间写在一张纸上，完成一项划掉一项。每日办事清单还要为应付紧急情况，留出机动时间。

坚持每天列好办事清单，可以让我们清楚地知道事情的轻重缓急。坚持每天先做最重要的事情，就能够让我们在繁杂的事情面前保持清醒的头脑，高效而有序地利用时间，实现时间与效率的高度统一。

4. 不值得做的事坚决不做

要保证自己能够运用时间的主次分配法，坚持永远先做最重要的事，一定做到：不值得做的事坚决不做。

不值得定律

在管理学中有一条“不值得定律”。“不值得定律”告诉我们：一流的人做一流的事情，不值得做的事情坚决不做！

“不值得定律”是一种心理效应。在正常情况下，如果一个人从主观上认定某件事是不值得做的事，那么在做这件事的时候，往往会缺乏激情，降低信心，会持敷衍了事的态度，因而不能全力以赴地把它做好，从而导致事情的成功率很低。即便做好了，也不会有成就感。

不值得做的事情会消耗一个人的时间和精力。因为用在这一项活动上的时间，就不能再用在其他活动上了。不值得做的事所用的每一分钟，都可以用在其他更重要的事情上。所以不值得做的事情，应该坚决不做。

什么是不值得做的事情呢？比如，在日常生活中，常常有一种人喜欢不断地给别人制造一些麻烦。对付这种人最好的办法，就是不采取任何回敬。因为为这些人制造的小麻烦而烦恼，那么你就会在不值得做的事情上消耗自己的时间和精力。如果一个人对细碎琐事关注度越大，那么他对重大事情的关注度就会越小。

聪明的人对重要的事情总会全力以赴，对无足轻重的事则一定会无动于衷。下面的寓言就说明了这个道理。

拒绝鼬鼠的挑战

有则寓言说，有一只鼬鼠向狮子发起挑战说："狮子，狮子，我要与你决一雌雄，看一看谁的力量最大，你敢应战吗？"

狮子轻松地一笑，不动声色地走开了。

鼬鼠追了上去，继续挑衅地说："怎么样？害怕了吗？"

"非常害怕！"狮子说，"假如我答应你的挑战，你就可以得到曾经与狮子比武的殊荣；而我呢，以后所有的动物都会耻笑我，竟和微不足道的鼬鼠打架！"

这就是狮子的聪明之处。

聪明的人一定都会拒绝鼬鼠的挑战，绝对不会和鼬鼠打架！

"不值得定律"给我们的启示是：对我们个人来说，应在多种可供选择的奋斗目标及价值观中挑选一种，有所为，有所不为。做有价值的事情，才会满腔热情地去做，才能够富有激情与动力。

"不值得定律"告诉我们：人生短暂，时间有限，我们必须清晰地认识到，哪些事情对于我们自己是最重要的事，哪些事情最值得我们花费时间和精力去做，哪些事情不值得我们花费时间和精力去做。这样，我们才不至于捡了芝麻，丢掉西瓜，我们的人生，才不会碌碌无为。

三、程序优化

所谓程序优化，指的是做事情统筹兼顾，抓住主要矛盾，合理安排时间，高效利用时间，降低时间无谓消耗的一种方法。

程序优化法的原则是：统筹兼顾，合理安排，精简步骤，不做无用的事情，不做重复的事情，设法寻找到达成目标最简便、最节省时间的路径。

程度优化的方法主要有：同一时间并行做几件事、简化工作流程等。

1. 并行做几件事

同一时间并行做几件事，是程序优化的主要方法之一。

中国数学家华罗庚著名的统筹方法，是一种安排工作进程的数学方法，也是实用范围极广的程序优化法。华罗庚在《统筹方法平话及补充》一书中，用老百姓都知道的“泡茶喝”的事例，通俗易懂地介绍了统筹法，从中我们可以了解到程序优化的具体方法。

华罗庚：统筹法

大数学家华罗庚在统筹法中介绍说，想泡壶茶喝，情况是开水还没烧：水壶、茶壶、茶杯还没有洗；只是有茶叶、火也生好了，怎么办？

最优化的办法是：先洗好水壶，灌上凉水，放到火上烧开；在等待水开的时间里，洗好茶壶、茶杯，放好茶叶；等水开了泡茶喝。

在这里，缩短时间提高工作效率的关键，是抓住了烧开水的这个环节，在等水烧开的时间里，同时做了其他几件事。

引滦入津工程：30年减少到1年半

中国著名的引滦入津工程就是运用程序优化法的典型事例。

引滦入津工程，要打通河北迁县境内的将军帽山。如果从一头掘进，要挖30年；如果从两头并进，得15年。引滦工程的建设者们采用统筹法，优化了施工程序。他们沿线打了15个斜井，把整个隧洞分成了32个作业面，结果不到1年半的时间就打通了将军帽山。

效率专家：将三个水盆用于洗碗

据说，美国专家运用程序优化法，解决了二战期间美军军营士兵洗碗难的问题。第二次世界大战时，美国军营出现饭后洗碗排长队的现象。问题解决专家通过观察发现，原因是水盆不够用。每一队共有4个水盆，2个用于洗碗，2个用于清涮。洗碗的时间自然长于清涮的时间。于是，专家提议做出新的规定：将3个水盆用于洗碗，1个水盆用于清涮。这样，在水盆没有增加的情况下，解决了洗碗排长队的现象。

2. 简化工作流程

简化工作流程也是程序优化的重要方法之一。简化流程可以化繁为简，化难为易，使工作的过程更加简便，做起来更加容易。

崔西定律

著名的时间管理理论——“崔西定律”指出：任何工作的困难度，与其执行步骤数目的平方成正比。比如，完成一件工作，有三个执行步骤，此项工作的困难度是3^2，就是9；完成一项工作有五个步骤，其工作的困难度是5^2，就是25。所以，程序优化最重要的方法就是简化工作流程。简化工作流程就意味着缩短时间，提高效率。流程越简化，出现的问题就会越少。

去掉多余环节

深圳华为公司要求员工根据“何人、何处、何时”三个问题，确认工作流程安排得是否合理。无论是对一个部门的工作流量，还是对七个部门的工作流量，一定要化繁为简，能省就省，去掉重复多余的环节，合并可以简化的环节，并且编制了分析工作流程的网络图。每去掉一个多余的工作环节，就减少了一个工作被延误的可能，就意味着大量的时间被节省下来，投入到有创造价值的流程中去。

简化工作流程

宋代宰相丁谓通过简化工作流程，提高施工效率，缩短了修复皇宫的时间，也可以说是程序优化的一个典型事例。

据说，宋真宗年间，皇宫失火，烧毁了几座殿堂。皇帝命令宰相丁谓限时修复皇宫。时间紧，任务重，困难重重，无论如何在规定的时间里也完不成任务。其原因是：

（1）筑墙的土要从几十里外运进城里；

（2）大批的建筑材料，如木、石等，要从很远的地方运进宫中；

（3）宫殿修建后，大量的破砖废石又要运出城外。

丁谓想出了一个简化工作流程的施工方案，很快解决了工程进度问题。丁谓的方法是：

（1）让民工先把皇宫前的大路挖成沟，就地取土筑墙；

（2）把汴河水引入沟中，用船将建筑材料运到工地；

（3）宫殿修好，让民工将破砖废石填入沟中，修复大路。

这样一举三得，工程进度比预计时间大大提前。

三联遗传密码的构想

遗传密码的构想，也是简化原则的应用。

1944 年，奥地利理论物理学家薛定谔在《什么是生命》一书中大胆地预言：染色体是由一些同分异构的单体分子连续所组成。这种连续体的精确性组成了遗传密码。DNA 决定蛋白质的合成。DNA 的遗传信息通过 4 种碱基表现出来，蛋白质由 20 种氨基酸构成。在 4 种碱基与 20 种氨基酸之间，不可能建立一一对应的关系。薛定谔想，电报中的莫尔斯电码有“·”与“—”两种符号。莫尔斯电码虽然只有“·”与“—”两种符号，但是这两种符号却可以有许多不同的排列组合。他认为，同分异构单体可能像一般民用的莫尔斯电码一样，通过“·”与“—”的排列组合储存遗传信息。

1954 年，科普作家伽莫夫对破译密码提出了挑战。伽莫夫设想，2

个碱基对应一种氨基酸。可是 4 种碱基，每 2 个碱基一组，只有 4^2=16 种排列组合，16 ＜ 20，不够用。于是，伽莫夫就提出了三联密码的猜想，3 个碱基一组，排列组合的数目为 4^3=64 种。

伽莫夫用的是最优化的组合方法。在他看来，够用就行了。如果是四联密码，那就有 256 种排列组合，太多了，验证起来十分麻烦。就这样，他提出了三联密码的假说，后来得到了验证。

试想，如果当年伽莫夫先提出的是七联密码、八联密码的猜想，那么何日才能破译出遗传密码呢？

3. 一次做好一件事

一次做好一件事，也是程度优化的一种方式。

一次专注做好一件事

在美国纽约中央火车站问询处，每天人潮涌动，来来往往的旅客争相抢着咨询问题，人人都希望立即得到答案。

问询处的服务人员每天疲于答复，神经高度紧张，身体疲惫不堪。但是，柜台后面有一个工作人员却是个例外。这个工作人员，身材瘦小，戴一副眼镜，十分文弱的样子。面对大量缺乏耐心又十分混乱的旅客，他镇定自若，高效接待，一点也不紧张。

有人问他："你是如何做到高效而又保持冷静的呢？"

他回答道："在整天的工作中，我一次只服务一个顾客，忙完这一位，再换下一位。"一次只服务一个顾客，一次只回答一个问题，一次只专注做好一件事，这就是他高效工作的方法之一。

一次先做好一件事，一次先做最好做的数学题，一次先摘下最好摘的果实等，都是程序优化的具体做法。许多人为了提高自己的工作效率和学习效率，常常头发眉毛一把抓，结果适得其反。

同类事情一次性做完，也是简化流程的好方法。

同类事情一次做完

同类事情一次做完，比如，把要打的电话集中到某一时间，一次性打完；把换洗的衣服集中在一起，一次性洗完；把要买的生活用品集中到某一天，一次性从超市买回；把要请教的问题集中到一起，一次性向老师请教等等。

通过归类，将同类事情一次性做完，不仅可以节省大量时间，而且同类事情在某段时间里重复做，还会熟能生巧，提高效率。利用他人的先进经验，不做重复性劳动，都是简化流程的具体做法。

预定日程

预定日程是许多人都会用到的程序优化的一种方式。

对将来要去办理的事情，提前做好日程安排，在事先调查研究的基础上，充分做好事前准备工作，可以让工作做到井然有序，不打乱仗。

中国工程院有一位院士，参与中国应用卫星、载人飞船、月球探测和空间测控等多方面的研究工作，琐事繁多。他管理时间的办法就是预定日程，常常几个星期的日程，他已经提前安排得满满的。

提前安排旅游行程，是我们经常遇到的事情。

旅游主要涉及游览、观光、休闲、娱乐、度假、探亲访友及商务活动等内容。各地的自然风光在不同的季节更会呈现不同的特色，许多美景又只会出现在特定的季节里。我们旅游的目的是为了放松身心，增长见识，获得美的享受。因此，无论是随团游，还是自助游，其行程安排无疑都是旅游中最重要的环节。

出发前，出游的景点，每日的行程安排，航班、车次、酒店预定，入住宾馆的地理位置，交通工具，购物等，都必须事前做好统筹安排。另外，根据四季景色的变化特点，选择最佳的旅游线路，可以以同样的时间、精力和金钱，获得更好的精神享受。合理的交通工具选择和出行时间安排，可以避免客流高峰，让出游更加舒适、顺畅；根据天气变化安排行程，可以让行程更加安全；根据机票打折的时间规律出行，可以获得免费飞行和特价机票的机会。总之，预定日程出游，可以让我们省时、省力、省心，省钱，用同样多的金钱，带来更大的精神享受。

程序优化是一个变动的积累过程，必须在实践中培养我们丰富的想象力和创造力，不断积累各方面的办事经验，提升对问题的处理能力。

四、黄金时间惜用

我们知道，在地震、海啸、泥石流等自然灾难中，在矿难、车祸、火灾等意外伤害事故中，在重危病症的救治中，常常有几分钟被医学上称为“救命的黄金时间”。在黄金时间内，如果我们懂得一些自救与救人的知识，就可以减轻伤残，大大提高生命的成活率。

我们知道，在战争中，每场战役都有胜负的黄金时间。把握好黄金时间，就意味着战争的胜利，犹豫片刻则意味着全军覆灭。

据说，法兰西第一帝国的皇帝拿破仑是一位军事天才，也是诚信守时、高效管理时间的表率。拿破仑非常重视黄金时间的利用。他认为，他的军队之所以能够打败奥地利军队，是因为奥地利人从来不懂得5分钟的价值。遗憾的是拿破仑军队之所以最后兵败滑铁卢，也是因为在那个性命攸关的上午，他手下的格鲁希元帅晚到了5分钟。他因此被迫宣布退位，被流放到厄尔巴岛。成千上万人的命运，也因为那倒霉的晚到的5分钟而被迫改变。

在人的一生中，命运之神能够赐予我们的机遇，往往只有短暂的几分钟而已，许多人都是在不经意间错过了这片刻的黄金时间。错过了这片刻的黄金时间，意味着会错过几月、几年，甚至一辈子发展的大好机遇。

值得重视的是，在我们每个人的一生、一年、一月、一周、一天中，都有一个体力最旺盛、精力最充沛、思想最集中、工作和学习效率最高的时间段，这段时间我们也称它为黄金时间。有效利用这些黄金时间，可以大大提高我们工作和学习的效率，产生事半功倍的效果。

1. 遵循生命节律

要认识自己的黄金时间，首先我们要对生物钟有一个大概的了解。

认识生物钟

什么是生物钟？生物钟又称生命节律、生物节律。生物钟是生物体内与环境周期性变化相对应的周期性变动，是生物体随着时间的变化，生理、心理、行为等也作周期变化的生理现象。

科学家很早就注意到了生物体这种生理的节律现象，并根据生物体存在周期性循环节律活动的事实，创造了“生物钟”一词。

生命以一昼夜作为作息时间周期。人体生理指标（如体温、血压、脉搏），人的体力、情绪、智力，人的体内信号（如脑电波、心电波、经络电位、体电磁场的变化）等，都会随着昼夜变化作周期性变化。

一般人都有过这样的体会，我们体内好像有一个钟表，能够配合着时间的变化而呈现出不同的规律。稳定的生物钟具有时间提示作用，它会根据我们大脑下达的指令，调节全身的各种器官，以 24 小时为周期发挥作用。如果我们每天都是早上 6 点起床，有一天忘记上闹钟，但是到了早上 6 点，还是会自动醒来。如果我们安排自己每天晚上 9 点钟开始背诵 30 分钟的英语单词，到了这个时间我们就会自动想起这件事，这就是生物钟的作用。

20 世纪初，德国内科医生威尔赫姆·弗里斯和奥地利心理学家赫尔曼·斯瓦波达，通过长期的临床观察，揭开了人体生命节律的奥秘。他们发现在病人的病症、情感以及行为的起伏中，存在着一个以 23 天为周期的体力盛衰和以 28 天为周期的情绪波动。

奥地利泰尔其尔教授，在研究了数百名高中生和大学生的考试成绩后发现，人的智力以 33 天为波动周期。在正常情况下，人的各项生理活动大部分是在白天，通常是下午达到顶点，而在夜晚睡觉的时候降至谷底。夜晚是身体进行自我修复的时间，各种生理指标都处于较低的水平，适宜安睡。

许多学者研究指出，按照人的心理、智力和体力活动的生物节律来安排一天、一周、一月、一年的作息制度，有助于保持良好的工作和学习状态，能提高工作和学习的效率，减轻疲劳，改善睡眠质量，增进身体健康，预防疾病，防止意外事故的发生。如果我们不能按照体内生物钟的节律来安排作息，或者环境突然发生剧烈变化，我们就会感到身体疲劳、精神不适。比如，长途旅行会让人感到疲劳，让人嗜睡；坐飞机跨时区旅行，会让人感受到倒时差的痛苦。

生物中也存在着有趣的生物钟。比如，在南美洲的危地马拉，有一种第纳鸟，它每过 30 分钟就会“叽叽喳喳”地叫上一阵子，而且误差只有 15 秒。因此，当地居民称它们为“鸟钟”，用它们的叫声来推算时间。在非洲的密林里，有一种报时虫，它每过一小时就会变换一种颜色，当地居民称它们为“虫钟”。他们把这种小虫捉回家，以它的变色来推算时间。不同的动物都有着各自活动的时间规律。比如，鸟、蜂、蝶多在白天活动；鼠、猫头鹰、蝙蝠多在夜间活动；蝙蝠、刺猬、极地松鼠等都有冬眠的习惯。

生物钟充斥在大自然的每个环节，所有物体都受大自然节律的影响。比如，一天有日出日落，太阳早上从东方升起，晚上从西方落下。大海有潮起潮落，海水每日出现两次大潮、两次小潮。涨潮时，海水呼啸而来，波涛汹涌，十分壮观；退潮时，海水悄然消退，露出一片海滩。

充分利用黄金时间

人的体力、情绪、智力也有盛衰起伏的周期变化。生物学家将体力、情绪与智力盛衰起伏的周期性节奏，绘制出三条波浪形的人体生物节律曲线图。

生物学家将处于体力、情绪、智力曲线中线以下的日子，称为生物节奏的“低潮期”。在低潮期，在体力上，表现为容易疲劳，做事拖拉，胆怯；在情绪上，表现为喜怒无常、烦躁、意志沮丧；在智力上，表现为注意力不易集中，健忘，判断率降低等。

生物学家将跨越体力、情绪、智力曲线中线的日子，称为“临界期”。在临界期，人们身体上的抵抗力降低，情绪极不稳定，智力协调性也较差，常常会粗心大意出错，容易感染疾病，容易发生事故等。

生物学家将处于体力、情绪、智力曲线中线以上的日子，称为生物节奏的“高潮期”。在高潮期，在体力上，表现为充沛旺盛，生机勃勃；在情绪上，表现出强烈的创造力，丰富的艺术感染力，心情愉快、乐观豁达；在智力上，表现为思维敏捷，记忆力极强，具有很强的逻辑思维能力和复杂问题的解决能力。

据媒体报道，2013 年北京市理科状元从不“加班加点、秉烛夜读”，他更愿意高效利用黄金时间，每天用两个小时就完成了学习的剩余作业，然后自由地做一些自己喜欢的事情。

每个人生物钟的节律不同，一年、一月、一天的黄金时间也不相同。

黄金时间在白天的人，白天工作和学习效率最高，上午和下午精力充沛，而在清早和晚上，工作和学习效率远远低于白天。

黄金时间在清晨的人，喜欢早起。清晨工作和学习效率最高。俗话说：一日之计在于晨。这种人从凌晨 4 点钟至上午 12 点钟，思维活跃，精力充沛，工作和学习效率最高，中午之后精力渐渐衰退。到了晚上，便感到筋疲力尽，体力不支。

据说，文学家姚雪垠，喜欢凌晨 3 点钟起床开始写作；诗人艾青，在大清早写作最易获得创作灵感；数学家陈景润，早上研究收效最大。

黄金时间在晚上的人，晚上工作和学习效率最高。夜晚环境寂静，干扰最少，是一天学习的好时机；可到了早上，他们常常贪睡不起，整个上午无精打采；到了下午，精神才渐渐振作起来；到了晚上又劲头十足，这种状态一直持续到深夜。

据说，鲁迅晚上翻译、写作直至深夜；法国作家福楼拜，写作通宵达旦。艺术家毕加索创作的黄金时间也在夜晚，为了避免旁人的干扰，毕加索在夜间工作，黎明时分上床睡觉，往往一觉睡到下午四五点钟。如果有人在早晨叫醒他，他会暴跳如雷，即便是画商来找他，他也会像对待入侵者一样把人轰走。

要想发挥时间最大的利用价值，我们不仅要知道自己一天的黄金时间在哪里，好好珍惜利用黄金时间，而且还可以开辟出自己新的黄金时间。

开辟新的黄金时间

中国著名史学家邓拓在《生命的三分之一》一文说，古来一切有成就的人，都严肃地对待自己的生命，活着一天，总要尽量多劳动、多工作、多学习，不肯虚度年华，不让时间白白浪费掉。中国历代的劳动人民、大政治家、大思想家莫不如此。

邓拓说，据班固《汉书·食货志》记载："冬，民既入；妇人同巷，相从夜绩，女工一月得45日。"怎么一个月能有45天呢？唐朝学者颜师古注释说："一月之中，又得夜半为15日，共45日。"

一个月本来只有30天，古人把每个夜晚的时间算作半日，就多了15天。从这个意义上说来，夜半的这段时间，实际上等于生命的三分之一。

对于这三分之一的生命，不但历代的劳动人民如此重视，而且许多大政治家也十分重视。班固在《汉书·刑法志》里写道："秦始皇躬操文墨，昼断狱，夜理书。"据刘向的《说苑》所载，春秋战国时代有许多国君都很注意学习。如，"晋平公问于师旷曰：吾年70，欲学恐已暮矣。师旷曰：何不炳烛乎？"在这里，师旷劝70岁的晋平公点灯夜读，拼命抢时间，争取这三分之一的生命不至于继续浪费。

《北史·吕思礼传》记述北周大政治家吕思礼生平勤学的情形是："虽务兼军国，而手不释卷。昼理政事，夜即读书，令苍头执烛，烛烬夜有数升。"光是烛灰一夜就有几升之多，可见他夜间读书是何等勤奋了。

邓拓算了一笔账说，充分用好白天的黄金时间，又在每天晚上拓展出半天时间的人，每个月比平常人多出15日。长此以往，一生就比别人多出了生命的三分之一。

俄国文学家列夫·托尔斯泰，本来他的黄金时间在早上。在早上这段时间里，他一边散步，一边背外语单词，长期坚持不懈，从不间断，他精通了法语、英语、德语、拉丁语、希腊语等。但托尔斯泰又开辟出晚上作为黄金时段。每天在晚上这段时间里，他坚持记日记，检查计划执行情况，整理一天的感想，记下所接触人的举动、思想、情感等。他的作品《昨天的事》的素材，就来自于晚上写下的日记。

有效的时间管理者，都严格遵循生命的节律，遵循自己的体力、情绪、智力盛衰起伏的周期节律，珍惜每天、每周、每月、每年的黄金时间，让时间发挥出最大作用。如果我们也能够找准自己一天的黄金时间，踏准生命的节律，高效利用黄金时间，并且也能够拓展部分黄金时间，那么我们也会成为时间的富翁、学习的成功者。

2. 把握今日

东晋大诗人陶渊明说："盛年不重来，一日难再晨。及时当勉励，岁月不待人。"中国杰出的军事家、民族英雄岳飞告诫我们说："莫等闲，白了少年头，空悲切！"珍惜黄金时间，高效利用黄金时间，最重要的就是要珍惜今日、把握今日。中国共产主义运动的先驱者李大钊说："世间最可宝贵的就是'今'，最易丧失的也是'今'。因为他最容易丧失，所以更觉得他宝贵。为什么'今'最可宝贵呢？最好借哲人耶曼孙所说的话回答这个疑问：'尔若爱千古，尔当爱现在。昨日不能唤回来，明天还不确实，尔能确有把握的就是今日。今日一天，当明日两天。'"

看了下面的故事，或许你就会更加明白，今日对于我们是何等的重要。

两面神的哭泣

有一位考古学家，在一片沙漠里，发现了一座荒废的城池，他走进去仔细考察。看得累了，就在倒卧的石雕上坐了下来休息一会儿。看着眼前满目疮痍的城池，想到城池昔日的繁华，考古学家不由得长长地叹了一口气。

"先生，您为什么要叹息呢？"考古学家惊奇地寻找着声音的来源，发现那声音竟然来自他坐着的石雕。他赶忙站起身来，仔细察看，原来那是一尊有着两副面孔的石雕。

考古学家问道："你为什么有着两副面孔呢？"那石雕说："你不认识我吗？我就是'两面神'呀。我之所以有两副面孔，一副是为了看到过去，回忆曾有的辉煌；一副是为了看到未来，憧憬明天的美丽呀！"

考古学家说："过去是现在的逝去，再也无法挽回；未来是现在的延续，无法现在拥有。即使过去辉煌无比，将来无比美丽，但是，失去了现在的生命与一切，那些又有什么意义呢？"

听了考古学家的话，石雕突然伤心地哭了起来。

考古学家问："你为什么哭呢？"石雕说："过去，我是这座城池的守护神，我天天教导人们要回顾过去，展望未来，唯独没有教导大家牢牢把握现在，所以人们不仅对自已的生命毫不珍惜，而且对大自然无偿赋予的一切也毫不珍惜。他们对美丽的森林乱砍滥伐，对清澈的河水肆意污染，对肥沃的良田疯狂占用……直到有一天天帝发怒，收回了明媚的蓝天、灿烂的阳光、清新的空气，并命令大自然对人类进行最残酷的惩罚，让青山良田变成沙漠，让清澈的河水变成毒源，让汹涌的洪水肆意泛滥，让人间仙境给凶恶的雾霾霸占，让人们即使用几百年、几千年的时间，也无法再回到繁华的从前。失去了一切生存条件的人们，死的死，逃的逃，一座繁华的城池，就变成了现在的废墟，再也无法看到过去的人间仙境了。听了你的话，我这才明白，珍惜今天是何等的重要，可惜已经太迟了！"

人的一生只有三天时间：昨天，今天和明天。昨天已成过去，唤不回来；明天还没有到来，无法拥有；我们只有牢牢地记住历史的教训，紧紧地把握住今天，才能创造美好的明天。今天就是最好的黄金时间。

明代画家文嘉惜时之作《明日歌》与《今日歌》流传甚广。

努力请从今日始

文嘉在《明日歌》中唱道："明日复明日，明日何其多！我生待明日，万事成蹉跎。世人若被明日累，春去秋来老将至。朝看水东流，暮看日西坠。百年明日能几何？请君听我明日歌。"

文嘉又在《今日歌》中唱道："今日复今日，今日何其少！今日又不为，此事何时了？人生百年几今日，今日不为真可惜。若言姑待明朝至，明朝又有明朝事。为君聊赋今日诗，努力请从今日始。"

在如今的信息时代，成功只属于那些能够迅速、敏捷、灵活地采取行动，牢牢地抓住今日、珍惜今日的人。

把每一天都当成生命的最后一天

美国苹果公司的创始人乔布斯十分珍惜时间，他把每一天都当成生命的最后一天。

2005年6月12日，乔布斯在斯坦福大学毕业日的演讲上说："17岁那年，我读到一则格言：'如果你把每一天都当成生命中的最后一天，你一定会找到人生的方向。'过去的33年，每天早上我都会揽镜自问：'如果今天是我生命的最后一天，那我要做些什么？'当我连续多天都得到'没事做'的答案时，那就是该做改变的时候了。"

当乔布斯被诊断得了癌症的时候，医生说："这是一种不治之症，你顶多还能活3至6个月。"那是乔布斯最接近死亡的一次。在有了与死神擦肩而过的经历后，乔布斯说："记住，你将死去。生命有限，不要将时间浪费在重复其他人的生活上，而是听从你的直觉和心灵的指示，知道你想成为什么样子，其他都是次要。"

乔布斯认为，我们每个人的时间都是有限的，所以不要被条条框框所束缚，不要被他人发出的噪音淹没了自己的心声，要有遵从自己内心和直觉的勇气，知道自己想成为一个什么样的人。

从手边看得清楚的事情做起

1871年，美国有一位学医的大学生叫威廉·奥斯勒，他的内心充满了忧虑和恐惧，他不知道自己能否通过毕业考试，不知道毕业后能否找到工作，不知道要在哪里才能找到工作，更担忧的是自己是否有能力维持自己将来的生活。

就在他惶恐不安的时候，有一天，他从一本书上看到一句话，是这一句话改变了他的一生。这句话就是："对于我们来说，最重要的就是不要去看远方模糊不清的事情，而是要从手边看得清楚的事情做起。"威廉·奥斯勒这才明白，昨天的忧虑，加上明天的不确定，会成为今天成功的最大障碍。所以，要果断地切断对昨天的忧虑，让它过去就过去；

同时，还要把未来紧紧地关闭在担忧的大门之外。为明天着想，但不要为明天担忧。为明天做准备的最好办法，就是牢牢地抓住今天，把今天的工作做得尽善尽美。

在这句话的影响下，威廉·奥斯勒牢牢地把握今天。后来，他成为了最有名的医学家，创建了全世界知名的约翰斯·霍普金斯医学院，还成为牛津大学医院钦定讲座教授，被英国国王封为爵士。他死后，有人用了两大卷长达1466页的书来记述他辉煌的一生。

3. 消除时间杀手

所谓时间杀手，是指那些浪费时间的事情。繁多的干扰是时间流逝中最致命的杀手。在众多的干扰中，有气候温度的变化、安全感、环境氛围、心理压力、健康状况、复杂的人际关系、繁琐的朋友应酬、上网聊天、吃零食等。

科学管理时间就是要有效地消除时间杀手，提高自控力，管理好我们的兴趣和爱好，改变办事拖延的坏习惯，排除各种干扰因素，减少延误的种种借口，养成高效处理日常事务的好习惯。

排除干扰，学会说“不”

对外来的干扰，消除时间杀手的最好办法，就是学会说“不”。许多人乐于助人，但是他们最大的毛病就是不会拒绝。有的人为了表现自己工作能干，往往把各方的请求都一一不假思索地答应下来，整天让自己忙得焦头烂额，这是一种不明智的行为。量力而行地说“不”，对自己、对他人都是一种负责任的态度。自己不能胜任别人委托的工作，不仅白白地浪费了自己的时间，让自己的工作无法顺利进行、学习效果不佳，同时也会打乱委托人的时间安排，结果是双输。因此，当我们在接受别人的邀请或委托的时候，不要急于说“是”，而要认真地分析一下，自己有没有时间、有没有精力、有没有能力去完成，如果没有，就要大胆地说“不”。

很多时候，我们会被繁多的、外来的干扰因素牵着鼻子走，不得不放下手边的工作去做别的事情。据日本专业统计数据表明：人们一般每8分钟就会受到1次打扰，每小时大约7次，每天有50至60次。平均每次打扰大约是5分钟，每天大约4小时。也就是说，按每日工作和学习8小时计算，约50%的工作时间会被打扰，而其中约3小时，也就是说80%的打扰是没有意义，或者极少有价值的。被打扰后，重新拾起原来的思路平均需要3分钟，每天大约就是2.5小时。每天因被打扰而导致的时间损失大约为5.5小时。按每天8小时工作制计算，占据了工作时间的68.7%。

所以摆脱干扰，还需要对毫无意义的干扰电话，学会礼貌地挂断，尽量多采用干扰性不强的沟通方式。如Email、QQ之类的。同时，也要了解他人的行为习惯，不唐突地登门拜访。

找出问题，分类控制

通常更多的时间杀手，是来自于我们自己对日常生活、工作和学习缺乏正确的管理。比如：

（1）找东西。有人曾经对美国200家大公司职员做调查，发现公司职员每年有10%的时间浪费在寻找乱放的东西上面。对付这个“时间杀手”最好的办法，就是把不用的东西扔掉，不扔掉的东西分门别类地保管好。

（2）对问题缺乏理解就匆忙行动。如果对一个问题未考虑好就匆忙行动，往往需要推倒重新再来，花费更多的时间和精力。对付这个“时间杀手”最好的办法，就是事先做充分的调查，获得充分的信息，对问题充分理解后，再开始行动。

（3）消极情绪。忧伤、焦虑、胆怯、猜疑、妒忌、憎恨、对人怀有戒心、明争暗斗、愤怒等消极情绪，常常使我们失去理智，失去平和的心态，失去工作信心和干劲，使工作效率下降。对付这个“时间杀手”最好的办法，就是开阔胸襟，提升境界，与成就人生目标的大事清楚点，与不开心的小事马虎点，以包容的心态处理人际关系，让自己变得阳光快乐。

（4）做事缺乏目标，缺乏优先等级，缺乏完成期限，以及授权能力不佳，责权界定不清等。对付这个“时间杀手”最好的办法，就是明确人生目标，分清事情等级，每天坚持先做最重要的事。

（5）缺乏人际关系管理能力。时间管理也是对人际关系的管理。有些人习惯无节制地与人聊天，有些人每天总是在做应急的事情。既浪费了自己的时间，也浪费了别人的时间。对付这个“时间杀手”最好的办法，就是让聊天的时间放在每天做完正事之后，想要让自己放松紧张心情的时候，并需要形成一个规律，让朋友们对你的规律有所了解。

（6）拖延习惯，犹豫不决，过度承诺，个人组织协调能力不佳等。对付这个“时间杀手”最好的办法，就是了解自己的缺点，针对性地加以改正，每天都有所进步。

准确找出问题的表现和原因等于解决了问题的一半。

另外，美国管理学家艾伦·莱舍在《如何控制你的时间和生命》一书中提出“ABC 分类控制法”，也可以作为我们提高时间管理能力的借鉴。艾伦·莱舍提倡管理者要编制每天的工作时间表。他认为任何一位管理者每天都有许多事情要做，但不是每件事都能够办完的。所以领导者要按照每项工作的重要程度，把每天要做的事情分为 A、B、C 三类。

A 类事情是影响全局、急于办理的工作，因而是最重要的工作；B 类事情次之；C 类事情则可以放一放。

一个问题的出现往往产生很多的原因，我们也可以将问题分为 A、B、C 三类，分门别类地进行分析，逐一排查，然后确定最主要的原因。

学会沟通与授权

学会沟通。世界上最浪费时间的就是不良的人际关系。导致不良人际关系的原因，往往来自沟通不及时或者意见表达不明确。每一次沟通的失败都会让人心情不愉快，造成人与人之间的敌对或隔阂，而修复这一关系则会花费更多的时间。因此，学会沟通是节省时间的一个好方法。

学会授权。列出自己日常生活中所有可以授权的事情，比如，买菜、做饭、买东西等，一一写下来，授权给适当的人来完成，可为自己节省大量的时间。

4. 严格限定任务完成的时间

著名的“巴金森法则”说：“你有多少时间完成工作，工作就会自动变成需要那么多时间。”在现实的学习或工作中，如果我们可以有一整天时间做某件事情，我们就会花一天的时间去做它。如果我们只有一小时做这件事情，那么我们就会更迅速有效地在一小时之内做完它。

5分钟选定阅读内容

一天早上，老师对一个初一的男生说：“小林，我这里有6本书，你从中任意选读一段，我要考考你的阅读水平。”小林将这 6 本书东看一本，西翻一本，翻来翻去，足足花了一个多小时，还是决定不了到底要读哪一本。

见到这种情况，老师知道这是因为没有限定时间的缘故。于是老师对他说：“小林，现在只能给你10分钟，10分钟之内你必须选定阅读内容。”只见小林立即拿起一本书，眼睛像扫描仪一样，7分钟之内他选定了阅读内容。

看到小林的进步，老师又对他说：“现在，你必须在5分钟之内选定阅读内容。”只见小林飞快地拿起一本书，眼光像垂直降落的升降机一样笔直垂扫，3 分钟之内就选定了阅读内容，而且内容正好适合他个人的实际情况。

由此可见，限定完成任务的时间是高效利用时间的最好方法之一。

自己限定背会的时间

有十多名同学，采用“七比特英语单词记忆法”记忆老师布置的英语单词。他们要求自己一次背诵5个单词。记住了这5个单词后，再记下5个单词。每个学生都严格规定自己背会5个单词的时间。有的同学限定自己 5 分钟背会，有的限定自己 10 分钟背会，还有的限定自己 15 分钟背会。有趣的是，无论同学们限定自己在多长的时间背会，其结果是，他们都在自己规定的时间之内记住了。16分钟内，大部分同学都记住了这40个英语单词，而过去他们一天却很难记住5个英语单词。

三年干出成绩来

有个同学，每当确立一个中期目标后，都要严格限定自己实现的时间期限，并从中尝到了极大的甜头。最初，她限定自己必须在四年内拿到本科文凭，结果，四年内她准时拿到了本科文凭。拿到本科文凭的她，限定自己在三年内必须找到理想的工作，结果用了不到一年的时间，她就找到了非常理想的工作。到了新单位，有的领导对她的工作能力持怀疑态度，于是她又给自己确立了一个中期目标，三年内一定要在工作上干出成绩来，在新的单位站稳脚。结果她只用了一年时间，就被单位推荐为全市先进工作者。

五、零星时间的巧用

在我们每个人的一生中，除了大块的时间可以用于工作和学习外，还有许多零零星星的小块时间，同样可以被巧妙地利用。比如，排队买早点的时间，等候火车或汽车的时间，等待客人到来的时间等，这些时间看起来不起眼，但如果被巧妙地加以合理利用，也能够积少成多，汇集起来，发挥很大的作用。

著名数学家华罗庚说："时间是由分秒积成的，善于利用零星时间的人，才会做出更大的成绩来。"

利用零星时间的方法很多，最常用的有见缝插针、分秒计算、巧用互联网时间管理工具等方法。

1. 见缝插针

见缝插针是利用零星时间的好方法，许多成功人士都是善于利用零星时间的高手。

利用冬天、夜晚和阴雨天

中国东汉大学者董遇，官至大司农，工作很忙，但他是个巧用零星时间学习的高手。有人向他请教如何利用时间学习。他说：“冬者岁之余，夜者日之余，阴雨者时之余也。”意思是冬天是一年之余，夜晚是一天之余，阴雨时是好天气之余。董遇就是充分利用冬天、夜晚和阴雨天这“三余”时间来学习的。

把别人喝咖啡的工夫都用在写作上

鲁迅说：“节省时间，也就是使一个人有限的生命更加有效，而也即等于延长了人的生命。”鲁迅既是惜时如金的榜样，也是善于挤时间的表率。鲁迅 12 岁在绍兴城读私塾的时候，父亲患着重病，两个弟弟年纪尚幼，鲁迅不仅经常上当铺、跑药店，还得帮助母亲做家务。为了不影响学业，他必须做好精确的时间安排，每天挤时间学习。他说：“时间就像海绵里的水，只要愿意挤，总还是有的。”作为一代文坛巨匠，鲁迅一生著作颇丰，有人认为他是一位天才作家，他说：“哪里有天才，我是把别人喝咖啡的工夫都用在写作上了。”

用好“零头布”

中国著名数学家苏步青，把整段时间称为“整匹布”，将零星时间叫作“零头布”。他认为，搞科研最好用“整匹布”，而“零头布”虽然零零碎碎，但却可积沙成塔，积少成多。他的《仿射微分几何》有 20 多万字，大部分篇幅都是利用零星时间写的。

苏步青兼任了很多社会职务。有一次开会，上午 10 点钟休会，下午 3 点钟再换地方开会。他屈指一算，中间有 5 个小时的休息时间，觉得空着太可惜了，于是回家工作了两个小时。

利用战斗间隙

中国大军事家刘伯承，是国内外屈指可数的不可多得的将才。刘伯承不但骁勇善战、足智多谋，而且在军事理论上造诣很深。他的许多战役、战术总结、军事著作和外军译著，就是在艰苦的战争年代，利用战斗的间隙时间，在坑道旁、马背上撰写和翻译的。

在校译苏联红军军事学校教程《合同战术》下部书稿的四年时间里，

刘伯承同邓小平一起在冀鲁豫前线，战事十分繁忙。刘伯承在指挥接连不断的反扫荡战斗中，抓紧点滴时间，认真核对原文，逐字逐句推敲，精益求精地校订和补译。1946 年 12 月 16 日，《人民日报》报道称：权威军事家刘伯承将军，在戎马倥偬之中，完成了《合同战术》一书下半部之校译，计 10 万字。此为 100 天来，刘将军歼灭蒋军 11 个旅之外，又一重大贡献。

在指挥部队强渡黄河，实施鲁西南战役，准备千里跃进大别山期间，刘伯承又完成了《合同战术》上部的重校工作，并写了 6000 多字的《重校合同战术译文上部的前言》这篇军事论文。

见缝插针的巧妙应用

美国作家杰克·伦敦对时间的利用真可谓见缝插针。在他房间的窗帘上、橱柜上、衣架上、床头上、镜子上、墙上等，四处贴满了各色各样的小纸条。这些小纸条上面写满了各种各样的文字：有美妙的词汇，有生动的比喻……

睡觉前，他默念着贴在床头的纸条；

刮脸时，镜子上的小纸条为他提供了方便；

踱步时，随处都可以找到启动创作灵感的语汇和资料；

出门时，纸条装在衣袋里，随时可以掏出来看一看，思考思考。

2. 分秒计算

明代画家唐伯虎在《七十词》中，给人生算了一笔账。他写道：“人生七十古稀，我年七十为奇。前十年幼小，后十年衰老；中间只有五十年，一半又在夜里过了。算来只有二十五年在世，受尽多少奔波烦恼。”唐伯虎认为，一个人即使能活到古稀之年，减头去尾，除去夜里睡眠的时间，剩下仅有 25 个年头。而这 25 年里，还有数不清的奔波和劳累、病痛和烦恼。

光阴似箭，岁月如梭。我们每个人一年都只有 12 个月，一天都只有 24 小时，一小时都只有 60 分钟，但是，善于利用时间的人，却可以将这些时间无穷地扩展、无限地分割。

用分秒来计算时间

俄国历史学家雷巴柯夫说："时间是个常数，但对勤奋者来说，是个变数。用分来计算时间的人，比用小时来计算时间的人，时间多出59倍。"

在同样长的时间里，如果采用不同的计算方法，我们就会有不同的感受，收获不同的成果。

如果以年计算时间，我们的生命最长不过百年；

如果以天计算时间，一年中，我们会比以年计算的人多364倍；

如果以小时计算时间，一天中，我们会比以天计算的人多23倍；

如果以分计算时间，一小时中，我们会比以小时计算的人多59倍。

实行时间统计法

苏联著名的昆虫学家柳比歇夫，一生专注时间管理，充分挖掘和利用时间。从26岁开始，他便实行时间统计法，核算自己每天的时间。结果，他一生发表了70多部学术著作，写了12500张打字稿的论文和专著。

苏联著名作家格拉宁在《奇特一生》中赞美柳比歇夫说："他通过他的方法证明，如果把一切集中到一个目标上，可以取得多么大的成就。只要连续多年有系统地、深思熟虑地采用他的方法，可以超过天才。"

按分秒收费

本杰明·富兰克林是18世纪美国最伟大的科学家和发明家。从一件小事中，我们可以看出他对一分一秒的态度。

据说，有一天，一个男子在富兰克林书店看中了一本书，他问店员说："这本书要多少钱？""1美元！"店员回答说。

"1美元？"男子惊呼道，"你能便宜一点吗？""没法便宜了，先生，就是1美元！"

男子盯着书看了又看，又一次问店员道："富兰克林先生在吗？"

"是的，"店员回答说，"他正在印刷车间忙着呢。"

"我想见一见他。"男子坚持道。富兰克林被叫了出来。

男子问道："请问这本书最低多少钱，富兰克林先生？""1.25 美元。"富兰克林回答道。

"1.25 美元？刚才你的店员说只要 1 美元。""没错，先生。"富兰克林说，"可是，你耽误了我一分钟的时间，这个损失，比 1 美元要大得多。"

为了尽快结束这场谈判，男子最后问道："好吧，那么请你告诉我，这本书的最低价钱吧。""1.5 美元。"富兰克林回答说。

"1.5 美元！天哪，你刚才不是说只要 1.25 美元吗？"富兰克林回答说："是的，先生，可是现在你又耽误了我一分钟。这个损失，要远远大于 1.5 美元。"

男子只好掏出钱来，放在柜台上，拿起书离开了书店。

在富兰克林看来，时间就是财富，时间就是金钱，当然时间要按分秒收费！

利用先进的工具

利用先进的工具，也是零星时间巧用的一种重要方法。比如，我们要检索或请教一个问题，利用互联网检索功能、数字图书馆功能，使用手机短信功能，通过 QQ 聊天功能等，都可以节省大量的零星时间。

人外有人，天外有天。无论我们在学习中遇到什么难题，在工作中遇到什么问题，在生活中遇到什么困难，在世界某个地方有人早已经遇到过了，并且他们已经找到了解决问题的方法。只要我们打一个电话、发一条短信、发一封邮件，或者在互联网上检索一下，在几分钟甚至几秒钟之内，就会有人给我们指点迷津，并且不收取任何咨询费用。

如果你是一个在校学生，自己有了解决不了的问题，可以向老师请教，请同学帮助。但是，请求帮助，你不要局限于自己的任课教师和同班同学，因为互联网早已将地球变成了一所大学校，天下老师教天下的学生、天下学生都是一个班的同学早已成为了现实。只要我们有心请教，任何学校的老师，任何地方的同学，都会毫无保留地帮助我们。

搞好日常生活管理

搞好日常生活，自我管理可以节省大量的零星时间。

比如在日常生活中，培养良好的生活习惯，今日事今日毕；建立良好的人际关系，管理好自己的情绪和心情；对生活抱乐观开朗的态度，消除忧虑，远离自卑，平复紧张情绪；充分发挥储物归纳柜、文件夹、名片册、活页纸、装订工具的作用，养成将东西分类存放的好习惯；使用后的东西及时放回原位等，都可以为我们节省大量的零星时间。

3. 巧用网络时间管理工具

除了采用电话预约、手机短信群发、电子邮箱、QQ 留言等省时省事的工具外，互联网上还有很多时间管理工具，我们也可以根据自己的实际需要任意选用。

web 时间管理工具

Rescuetime，是一个基于 web 的时间管理工具。它能准确地判断我们花费了多少时间，不用录入数据，不用花费力气，就可以收集事务数，迅速而及时地进行数据分析。比如，在 Word 输入和排版上，我们用了多少时间，在浏览网页上，我们用了多少时间，在邮件沟通上，我们用了多少时间等等。通过每日或每周对实现目标情况作出的总结，可以及时地知道我们对时间管理是否到位，做好做坏一目了然。

互联网时间管理工具

Propel’r，是一个基于互联网的时间管理工具。这个工具，不仅可以提高个人的工作效率，还可以和同学或者同事，协作完成项目。Propel’r 可以减少思考安排的时间，因为它已经帮助我们完成了，我们只需去做就可以了。Propel’r 提供了一种通过协同工作或者学习而从研究项目运作中解脱出来的办法。

任务管理工具

Intervals，可以让我们跟踪时间，管理任务，摆脱混乱状态，做好项目管理、文档或文件的存储等工作。

要事提醒工具

Tick，除了具有便签等记事提醒基本功能之外，还能够在时间轴上对时间进行管理和预测，通过分析减少因麻痹带来的损失，告诉我们什么是最重要的事情。

每日清单工具

Backpack，是一个具有日历和提醒功能的工具，它可以把我们想做的事情，列成一个清单，给我们发送电子邮件，或者通知到我们的手机上，时间可由我们自己来定。我们也可以把任务或者计划发给同学或者朋友，与他们一起共享。

在线时间管理工具

Scheduler是联想试验室出品的在线时间管理工具。Scheduler可以帮助我们建立日程，进行跟踪，还可以通过Email及MSN的方式提醒我们即将到来的日程。Scheduler 提供了完整的计划制定、跟踪和回顾机制，帮助我们制订计划，分解长期目标，将之转化成工作日程。

在这一篇里，我们知道了如何运用多元智能理论认知自我，确立正确的人生发展方向，也知道了如何利用时间管理工具，快速实现我们的人生目标。接下来，要想成为国家的栋梁之材，要实现鲲鹏展翅的伟大梦想，还要开发自身潜能，为腾飞积攒足够的正能量。那么，如何开发自身潜能呢？请看第二篇：潜能开发篇。

主要参考资料

张立文. 朱熹思想研究. 北京：中国社会科学出版社，1981

[苏] 苏霍姆林斯基. 给教师的一百条建议. 周蕖等译. 天津：天津人民出版社，1981

浙江日报编辑部. 学人谈治学. 杭州：浙江人民出版社，1982

梁启超. 梁启超选集. 李华兴等编. 上海：上海人民出版社，1984

朱熹. 四库全书·朱子读书法. 上海：上海古籍出版社，1987

毛泽东. 毛泽东选集（1—4卷）. 北京：人民出版社，1991

刘墉. 超越自己. 桂林：漓江出版社，1994

联合国教科文组织国际教育发展委员会. 学会生存：教育世界的今天和明天. 北京：教育科学出版社，1999

[美] 霍德华·加德纳. 多元智能. 沈致隆译. 北京：新华出版社，1999

艾丰. 三做谈：做人·做事·做官. 北京：经济日报出版社，2000

[美] 丽贝卡·斯泰福. 达尔文与进化论. 丁进峰、徐桂玲译. 天津：百花文艺出版社，2001

胡志强、肖显静. 科学理性方法. 科学方法丛书. 李醒民主编. 北京：科学出版社，2002

刘奎林. 灵感——创新的非逻辑思维艺术. 哈尔滨：黑龙江人民出版社，2003

孙正聿. 哲学修养十五讲. 北京：北京大学出版社，2004

《博览群书》杂志. 读书的艺术. 北京：九州出版社，2004

袁振国. 当代教育学. 北京：教育科学出版社，2004

林德宏. 科技哲学十五讲. 北京：北京大学出版社，2004

孟子. 四书五经. 长春：吉林出版集团有限责任公司，2007

叶圣陶. 叶圣陶教育名篇. 张圣华编. 北京：教育科学出版社，2007

[美] 霍德华·加德纳. 智能的结构. 沈致隆译. 北京：中国人民大学出版社，2008

梁启超、陶行知等. 好读书. 王宗仁主编. 北京：中国华侨出版社，2008

[苏] 根里奇·阿奇舒勒. 创新算法. 谭培波等译. 武汉：华中科技大学出版社，2008

梁方仲. 梁方仲文集. 北京：中华书局，2008

朱自清. 朱自清散文珍藏. 崔钟雷编. 长春：吉林人民出版社，2009

张岂之. 乐此不疲集：张岂之自选集. 北京：首都师范大学出版社，2009

熊哲宏. 你不知晓的20世纪最杰出的心理学家. 北京：中国社会科学出版社，2008

[美] 彼得·德鲁克. 管理. [美] 约瑟夫·A·马恰列洛修订. 辛弘译. 北京：机械工业出版社，2009

张亚勒. 创新赢天下：九大商界领袖谈创新. 北京：北京大学出版社，2010

[美] 海伦·凯勒. 假如给我三天光明. 宋苗，陈靓译. 天津：天津社会科学院出版社，2010

罗宗强. 当代名家学术思想文库·罗宗强卷. 沈阳：万卷出版公司，2010

[英] 麦克莱伦. 马克思传. 王珍译. 北京：中国人民大学出版社，2010

冯友兰. 冯友兰论教育. 谢广宽编. 北京：人民出版社，2010

王渝生. 改变人类的科学活动. 上海：上海科学技术文献出版社，2011